EinFach Deutsch

Johann Wolfgang von Goethe

Faust
Der Tragödie erster Teil
... verstehen

Erarbeitet von
Claudia Müller-Völkl
Michael Völkl

Herausgegeben von
Johannes Diekhans
Michael Völkl

Bildnachweis

S. 18, 39, 45, 55: Reinhild Kassing/Verlagsarchiv Schöningh; S. 21: Das Zeichen des Makrokosmus aus: Rudolf Steiner, Geisteswissenschaftliche Erläuterungen zu Goethes Faust, GA 272, S. 24; S. 22: Klassik Stiftung Weimar; S. 33: © picture-alliance/akg-images; S. 48: Foto: Georg Soulek/Burgtheater; S. 56: Foto: René Achenbach; S. 58: © Andrea Potratz; S. 70: Wirsberg-Gymnasium Würzburg; S. 80: SFF Fotodesign, Hof; S. 88: akg-images GmbH; S. 97: © Prof. Dr. Peter Menzel, Esslingen; S. 110: © picture-alliance/KPA Copyright; S. 121: © Ascot Elite/Cinetext; S. 128: „Faust" am DNT Weimar, Regie: Hasko Weber, Bühne: Oliver Helf, Kostüme: Syzzy Syzzler, Schauspieler: Birgit Unterweger, Nora Quest, Lutz Salzmann, Sebastian Koski, Foto: Matthias Horn

Sollte trotz aller Bemühungen um korrekte Urheberangaben ein Irrtum unterlaufen sein, bitten wir darum, sich mit dem Verlag in Verbindung zu setzen, damit wir eventuell notwendige Korrekturen vornehmen können.

© 2014 Bildungshaus Schulbuchverlage
Westermann Schroedel Diesterweg Schöningh Winklers GmbH
Braunschweig, Paderborn, Darmstadt

www.schoeningh-schulbuch.de
Schöningh Verlag, Jühenplatz 1–3, 33098 Paderborn

Das Werk und seine Teile sind urheberrechtlich geschützt.
Jede Nutzung in anderen als den gesetzlich zugelassenen Fällen bedarf der vorherigen schriftlichen Einwilligung des Verlages.
Hinweis zu § 52a UrhG: Weder das Werk noch seine Teile dürfen ohne eine solche Einwilligung gescannt und in ein Netzwerk gestellt werden.
Das gilt auch für Intranets von Schulen und sonstigen Bildungseinrichtungen.

Auf verschiedenen Seiten dieses Buches befinden sich Verweise (Links) auf Internetadressen. Haftungshinweis: Trotz sorgfältiger inhaltlicher Kontrolle wird die Haftung für die Inhalte der externen Seiten ausgeschlossen. Für den Inhalt dieser externen Seiten sind ausschließlich deren Betreiber verantwortlich. Sollten Sie dabei auf kostenpflichtige, illegale oder anstößige Inhalte treffen, so bedauern wir dies ausdrücklich und bitten Sie, uns umgehend per E-Mail davon in Kenntnis zu setzen, damit beim Nachdruck der Verweis gelöscht wird.

Druck A 7 6 5 / Jahr 2018 17 16
Alle Drucke der Serie A sind im Unterricht parallel verwendbar.
Die letzte Zahl bezeichnet das Jahr dieses Druckes.

Umschlaggestaltung: Nora Krull, Bielefeld
Umschlagbild: Theater HORA–Stiftung Züriwerk Faust 1+2 (2011)
© Michael Elber
Druck und Bindung: westermann druck GmbH, Braunschweig

ISBN 978-3-14-022477-2

Inhaltsverzeichnis

An die Leserin und den Leser.................. 5

Der Inhalt im Überblick 7

Die Personenkonstellation.................. 9

Inhalt, Aufbau und erste Deutungsansätze ... 10

Hintergründe............................ 88
Goethes Lebensstationen...................... 88
Goethes Lebensthemen im Spiegel des
Dramas „Faust I" 92
Stoffgeschichte 99
Entstehungsprozess des Dramas „Faust I" 101
Rezeption 106

Das Drama „Faust I" in der Schule 111
Der Blick auf die Figuren:
Die Personencharakterisierung................... 111
Eine literarische Figur charakterisieren –
Tipps und Techniken 111
Faust 113
Mephisto.................................. 117
Gretchen.................................. 122
Marthe Schwerdtlein 125
Wagner 128

Der Blick auf den Text:
Die Szenenanalyse 131
Eine Szene analysieren – Tipps und Techniken 131
Beispielanalyse (linear)........................ 133
Beispielanalyse (aspektgeleitet) 137

Der Blick auf die Prüfung:
Themenfelder 142
Übersicht I: Die dramatische Struktur vom Drama „Faust I" 143
Übersicht II: Szenischer Aufbau der Gretchentragödie...................... 144
Übersicht III: Die Epochenkennzeichen im Drama „Faust I"................. 145
Übersicht IV: Häufige Versformen im Drama „Faust I" 146
Übersicht V: Vergleichsmöglichkeiten mit anderen literarischen Werken............... 147

Internetadressen 148

Literatur 149

An die Leserin und den Leser

„Werd ich zum Augenblicke sagen:
Verweile doch! Du bist so schön! [...]
Dann will ich gern zugrunde gehn!" (V. 1699–1702)

In diesen viel zitierten Worten, die Faust dem Teufel entgegenschleudert, kommt das außerordentliche Selbstbewusstsein und der unbändige existenzielle Anspruch einer Figur zum Ausdruck, die wie kaum eine andere Schöpfung des deutschsprachigen Theaters das Publikum, die Regisseure und Interpreten, Künstler und auch Satiriker gleichermaßen seit Generationen in ihren Bann zieht.

Goethe hat sein berühmtestes Drama „Faust" vor zwei Jahrhunderten verfasst und in diesem Lebenswerk – die Arbeit an verschiedenen Versionen des Stücks hat Goethe schon als jungen Autor und bis kurz vor seinem Tod beschäftigt – ein vielfältiges Panorama an zeitgenössischen Themen und Motiven aus Philosophie und Kunst, Geschichte und Gesellschaft entfaltet. Aber keineswegs nur aus diesem Grund zählt das Stück unbestritten zum Kanon der Weltliteratur. Denn der Text weist intellektuell und künstlerisch weit über den Horizont seiner Entstehungszeit hinaus und ist bis in unsere Gegenwart von ungebrochener Aktualität.

Im Bündnis des Gelehrten Faust mit dem Teufel werden nichts weniger als das Schicksal des modernen Menschen und seine Verwirklichungsmöglichkeiten in Liebe, Glaube und Erkenntnis verhandelt. Bedingt durch das Denken der Aufklärung, emanzipiert aus weltanschaulichen, religiösen und sozialen Bindungen, steht der Einzelne vor der Aufgabe, den Bedürfnissen der eigenen Existenz gerecht zu werden und eigenverantwortlich eine ideelle Orientierung zu finden.

Dabei erleben die Zuschauer Faust nicht als blutleere Kunstfigur, sondern als lebendigen und leidenschaftlichen Bühnencharakter. Goethe zeichnet seinen Faust als Menschen mit Sehnsüchten und inneren Widersprüchen, in dessen Existenz die Tragik geradezu grundgelegt ist: Gerade mit seinem Streben nach höchster Erkenntnis und vollkommener Erfüllung macht sich Faust an seiner Geliebten Gretchen schuldig. In seiner existenziellen Dimension reizt Faust gerade uns Heutige zur kritischen Auseinandersetzung und zum Nachdenken über Grundfragen des menschlichen Seins. Es ist kein Zufall, dass das Stück „Faust" in jeder Saison zu den meistgespielten Klassikern auf deutschsprachigen Bühnen zählt.

Eine derart komplexe Geschichte, wie sie uns Goethe mit den Mitteln des Theaters erzählt, entzieht sich dem vereinfachenden Zugang ebenso wie einer allgemeingültigen, abschließenden Deutung. Aber jeder von uns ist angesprochen: Jeder kann die eigene Lebensperspektive als Verstehenshorizont fruchtbar machen und das großartige Werk „Faust" für sich persönlich entdecken.

Dieser Band aus der Schülerreihe „EinFach Deutsch ... verstehen" will Ihnen die Erschließung der handelnden Figuren sowie des Handlungsgefüges erleichtern und Ihnen Zugänge zur Interpretation des Dramentexts aufzeigen. Darüber hinaus vermittelt er Ihnen auf anschauliche Weise die biografischen und kunsttheoretischen Hintergründe des Werks. Zum Zwecke der erfolgreichen Prüfungsvorbereitung können Sie sich außerdem die Aufgabenform „Personencharakterisierung" sowie textanalytische Verfahren erarbeiten und wesentliche Aspekte des Dramas in übersichtlicher und einprägsamer Weise wiederholen.

Viel Freude beim Lesen, Nachdenken und Verstehen wünschen

Claudia Müller-Völkl und Michael Völkl

Der Inhalt im Überblick

Der „Prolog im Himmel" bildet den äußeren Handlungsrahmen und zugleich den Ausgangspunkt der dramatischen Binnenhandlung. Der Teufel Mephisto kritisiert die göttliche Schöpfung als unvollkommen: Der Mensch sei durch seine höhere Bestimmung überfordert. Um diesen Schöpfungspessimismus zu widerlegen, führt Gott einen Gelehrten namens Heinrich Faust als Prüfstein für seinen Standpunkt ein, demzufolge der Mensch seinem Wesen gemäß stets nach höherer Daseinserfüllung strebe. Mephisto dagegen will zeigen, dass auch Faust letztlich in seinen materiellen Grenzen gefangen bleibt.

Zu Beginn der Binnenhandlung erscheint Faust als ein hoch angesehener Geistesmensch, der jedoch weder in den Wissenschaften noch in der Magie höchste Erkenntnis beziehungsweise Erfüllung findet. Aus seiner existenziellen Verzweiflung heraus will er sich sogar das Leben nehmen, doch scheitert auch dieser Versuch, seine körperlichen Begrenzungen aufzuheben. In dieser Situation tritt Mephisto auf den Plan und schlägt Faust einen Handel vor: Er will dem Gelehrten im Diesseits mit seinen übermenschlichen Kräften dienen und dessen Streben durch sinnlichen Lebensgenuss ruhigstellen. Als Gegenleistung soll die Seele Fausts im Jenseits dem Teufel verfallen. Doch Faust nimmt dieses Angebot nicht ernst, weil er von der Unstillbarkeit seines inneren Strebens überzeugt ist. In dieser subjektiven Sicherheit bietet er dem Teufel sogar eine Wette auf die höhere Bestimmung seiner Existenz an.

Um Fausts Streben zu befriedigen und damit die Wette zu gewinnen, geht Mephisto mit Faust auf eine Weltfahrt und führt ihn zunächst zu einem ordinären Trinkgelage in „Auerbachs Keller" in Leipzig. Anschließend lässt er den nicht mehr jungen Wissenschaftler in der „Hexenküche" durch einen Verjüngungstrank auf kommende Liebesabenteuer vorbereiten – mit Erfolg: Faust verliebt sich in das einfache Bürgermädchen Gretchen. Durch eine List bringt Mephisto die beiden zusammen, während er selbst mit Gretchens Nachbarin Marthe Schwerdtlein anbandelt.

Als das anfangs zögernde Gretchen sich auf die Liebesbeziehung einlässt, setzt eine Verkettung schuldhafter Entwicklungen ein. Faust schwängert Gretchen und setzt sie damit der sozialen Ächtung aus. Gretchens Mutter wiederum kommt durch ein Schlafmittel ums Leben, das ihr Gretchen im Auftrag Mephistos reicht. Außerdem töten Faust und Mephisto in einem Handgemenge den über Gretchens Unschuld wachenden Bruder Valentin. Schließlich verliert Gretchen den Verstand und ertränkt im Wahn ihr neugeborenes Kind. Wegen Kindstötung zum Tode verurteilt, erwartet sie im Gefängniskerker ihre Hinrichtung.

Mephisto will Fausts wachsende Schuldgefühle gegenüber Gretchen betäuben und versucht, ihn durch die enthemmte erotische Atmosphäre des Hexentreffens in der Walpurgisnacht abzulenken. Doch seine Absicht misslingt: Faust hält an seinen Gefühlen gegenüber Gretchen fest und besteht auf ihrer Befreiung aus dem Kerker. Aber Gretchen geht auf den Rettungsversuch nicht ein, weil sie ihre Seele nicht an den Teufel verlieren will. Durch diese innere Haltung vermag sie ihre Seele zu retten. Faust dagegen hat seinen Platz im Schöpfungsplan noch nicht gefunden und muss mit Mephisto seine Weltfahrt fortsetzen.[1]

---

[1] Zur Handlung des zweiten Dramenteils siehe S. 82–87.

Die Personenkonstellation

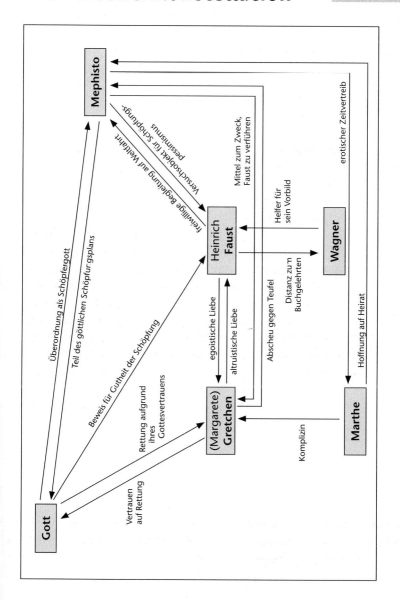

Inhalt, Aufbau und erste Deutungsansätze

Zueignung (erster Prolog)

Goethes persönliches Verhältnis zum Werk

Im Gedicht „Zueignung" beschreibt Goethe sein persönliches Verhältnis zu seinem Drama kurz vor dessen Fertigstellung. Auch nach jahrzehntelanger schriftstellerischer Auseinandersetzung – allein die Arbeit am Drama „Faust I" beanspruchte mehr als 35 Jahre! – ist der Dichter nach wie vor von seinem Stoff fasziniert. Immer noch beschäftigen die Figuren des Stücks sein Dichterherz und drängen als „schwankende Gestalten" (V. 1)[1] auf ihre endgültige Ausgestaltung. Mit der Reflexion über das frühere Schaffen verbindet sich die Erinnerung an die Zeugen der ersten Entwürfe, an Freunde und Wegbegleiter aus vergangenen Tagen (vgl. V. 9–16). Dagegen hat der Dichter vom Publikum, für das er jetzt schreibt, keine Vorstellung (vgl. V. 21–22). Dennoch ist sein Schaffensdrang ungebrochen (vgl. V. 25–26). Emotional erschüttert durch die Vergegenwärtigung der einstigen inneren Ergriffenheit ist der Dichter nunmehr bereit, sein Werk abzuschließen (vgl. V. 29–32). Die Verwendung der Stanze[2] als Gedichtform unterstreicht den gehoben-feierlichen Charakter der „Zueignung".

Funktion des ersten Prologs

Der erste Prolog erfüllt mehrere Aufgaben: Zunächst legt der Autor ein poetologisches Bekenntnis ab. Anders als noch zu Zeiten des Sturm und Drang betrachtet der gereifte Goethe – das Gedicht „Zueignung" entstand wohl im Jahr 1797 – den Schreibprozess nicht mehr als genialischen Schöpferakt. Vielmehr ist literarisches Schaffen eine

---

[1] Sämtliche Stellenangaben beziehen sich auf die im Literaturverzeichnis aufgeführte Textausgabe des Schöningh Verlags.
[2] Eine systematische Übersicht zu den gebräuchlichsten metrischen Formen im Drama „Faust" findet sich auf S. 146.

Frage der persönlichen Anteilnahme und Gegenstand redlichen Bemühens. Des Weiteren unterstreicht das Gedicht „Zueignung" die Schlüsselrolle des Dramas für das dichterische Schaffen Goethes: Das Drama „Faust" ist für ihn im wahrsten Sinn Lebensaufgabe und Lebenswerk. Damit zusammen hängt ein weiteres Motiv: Indem Goethe auf den langen Entstehungsprozess des Werks abhebt, bringt er zum Ausdruck, dass das Drama „Faust" nicht aus einem Guss besteht. Jeder Interpret muss berücksichtigen, dass das Stück in mehreren Schaffensperioden immer wieder weiterentwickelt wurde und deshalb sich überlagernde Bearbeitungsschichten und damit zwangsläufig eine große innere Komplexität und Deutungsvielfalt aufweist.

Vorspiel auf dem Theater (zweiter Prolog)

Während der erste Prolog das Selbstverständnis des Schriftstellers Goethe zum Ausdruck bringt, bietet der zweite Prolog eine gattungstypologische Reflexion über das Wesen eines Theaterstücks. Im Mittelpunkt stehen die unterschiedlichen Positionen des Autors, des Theaterbetriebs und der Zuschauer, dargestellt im Streitgespräch zwischen dem Theaterdirektor, dem Dichter und der Lustigen Person.

Rahmenbedingungen der Theaterkunst

Der Theaterdirektor misst den Erfolg eines Stücks am kommerziellen Erfolg an der Theaterkasse (vgl. V. 50–56). Deshalb solle eine Aufführung vor allem das Unterhaltungsbedürfnis der zahlenden Kundschaft befriedigen (vgl. V. 37). Zu diesem Zweck habe die Bühne die vielfältigen Erwartungen möglichst vieler Zuschauer zu treffen (vgl. V. 95). Folglich müsse ein Stück als „Ragout" (V. 100) konzipiert sein, bei dessen unterschiedlichen Zutaten jeder Zuseher etwas für sich finde. Die innere Einheit eines anspruchsvolleren Stücks dagegen werde in ihrem künstlerischen Wert ohnehin nicht erkannt (vgl. V. 102–103). Und da die Zuschauer in erster Linie aus Sensations- und Schaulust ins Theater kämen (vgl. V. 118) – hier spielt Goethe ohne

Interessen des Theaterdirektors

Zweifel auf seine eigenen Erfahrungen als Theaterdirektor in Weimar an –, fordert der Direktor „stark Getränke" (V. 223), also eine effektvolle Inszenierung.

<small>Kunstverständnis des Dichters</small>

Als „echte[r] Künstler" (V. 105) empört sich der Dichter über die „Pfuscherei" (V. 106) des Direktors. Dessen Vorgabe, den Zuschauermassen durch vordergründige Effekte zu gefallen, bedeute einen Widerspruch zum inneren Anspruch eines Kunstwerks: „Was glänzt, ist für den Augenblick geboren,/Das Echte bleibt der Nachwelt unverloren." (V. 73–74) Die innere Berufung des Dichters bestehe darin, in der Sprache der Kunst den inneren Einklang in der Vielfalt der Welt und des Lebens darzustellen (vgl. V. 139–157). Dabei sehnt sich der Dichter wehmütig in seine Jugendzeit zurück, in der er im Vollbesitz seiner inneren Schöpfungskraft gewesen sei (vgl. V. 184–197) – damit kokettiert Goethe mit seiner eigenen Vergangenheit als junger Autor: Die Kunstauffassung des Sturm und Drang hatte wie keine andere Epoche zuvor den individuellen Schöpferwillen in den Mittelpunkt gestellt. Insgesamt repräsentiert der Dichter eine idealistische Kunstauffassung, die ihre Bestimmung nicht in der Produktion von Gebrauchskunst, sondern im Dienst an einer höheren Wahrheit findet. Gleichzeitig weisen die Antithesen in den V. 193–197, beispielsweise der „Drang nach Wahrheit und die Lust am Trug" oder das „schmerzenvolle Glück", auf das Geschehen um den Gelehrten Faust hin: Dessen erklärtes Ziel ist es, die Extreme menschlicher Erfahrungsmöglichkeiten zu erleben (vgl. z. B. V. 1678–1687).

<small>Erwartungen der Lustigen Person</small>

Die Lustige Person, offensichtlich ein Komödienschauspieler, nimmt eine vermittelnde Position zwischen Kunst und Unterhaltung ein. Gegenüber dem Dichter, der auf den Ruhm der Nachwelt hofft, verweist sie auf das Recht der Mitwelt auf Unterhaltung (vgl. V. 75–78). Der Beifall der breiten Masse würde einen Künstler, der etwas mitzuteilen habe, nicht kompromittieren (vgl. V. 81–82). Wenn dieser mit seinem Schaffen eine große Zielgruppe erreiche, könne er umso mehr bewirken (vgl. V. 83–84). Als Rat an den Dichter formuliert die Lustige Person einen Kompromiss. Ein Theaterstück solle das Interesse der Zuschauer wecken, indem Themen mit allgemeinmenschlicher Bedeutung auf der Bühne verhandelt würden, von denen sich jeder angesprochen fühle (vgl. V. 167–169). Auf diesem Wege würden die Zuschauer die künstlerische Botschaft des Dichters bereitwillig auf sich wirken lassen. Darüber hinaus deutet die Lustige Person bereits auf die kommenden Entwicklungen hin: Mit den Worten „Wer fertig ist, dem ist nichts recht zu machen;/Ein Werdender wird immer dankbar sein." (V. 182f.) formuliert sie das innere Wesen Fausts, der seinen Sinn im fortwährenden Streben findet.

Im zweiten Prolog legt Goethe das Spannungsfeld offen, dem sich der Theaterschaffende gegenübersieht. Dabei wird klar, dass er als erfahrener Theatermann die Argumente aller Seiten kennt und sie zusammenzuführen versteht. Mit der Einbettung der Binnenhandlung des „Faust"-Dramas in einen ästhetischen Diskurs richtet Goethe außerdem eine klare Botschaft an die Zuschauer: Ihr seht nun ein Kunstwerk, das auf unterhaltsame Weise vom Menschen und seiner Existenz handelt – also in gewisser Weise auch von euch selbst! Die Schlussverse des Vorspiels – „So schreitet in dem engen Bretterhaus/Den ganzen Kreis der Schöpfung aus,/Und wandelt mit bedächt'ger Schnelle/Vom Himmel durch die Welt zur Hölle." (V. 239–242) – leiten zur Folgeszene „Prolog im Himmel" über, in der tatsächlich die gesamte Schöpfung mit Himmel, Welt und Hölle als Thema des Dramas eingeführt wird.

Funktion des zweiten Prologs

Prolog im Himmel

Mit dem „Prolog im Himmel" beginnt das eigentliche Theaterspiel. In Anwesenheit von Gott und seinen Engeln preisen die drei Erzengel[1] Michael, Gabriel und Raphael die

Der Lobpreis der Erzengel

---

[1] Erzengel: In der christlichen Tradition kommt den drei Erzengeln eine herausgehobene Rolle unter den Engeln zu.

Großartigkeit der Schöpfung. Raphael besingt die unveränderliche Harmonie der Gestirne (vgl. V. 243–250), Gabriel lobt die Schönheit der irdischen Schöpfung am Beispiel des immergleichen Tag-Nacht-Wechsels und des rhythmischen Gegenspiels von Meer und Felsen (vgl. V. 251–258). Auch Naturkatastrophen sind Teil der Schöpfung: Michael scheint zunächst aus dem Lobpreis auszuscheren, da er verheerende Unwetter schildert (vgl. V. 259–264), bevor er in das Lob der beiden anderen einstimmt (vgl. V. 265–270). Die im Gesang dargestellte Harmonie in Welt und Kosmos spiegelt sich auch in der sprachlichen Gestaltung wider: Die drei Engel sprechen in gleichmäßigen vierhebigen Jamben, mit denen Goethe Bezug auf die metrische Gestaltung zeitgenössischer Kirchenlieder und auf den daraus resultierenden Rhythmus nimmt.

Das Gottesbild der Erzengel: der Deismus

Im Gesang der Erzengel kommt ein Gottesbild zum Ausdruck, das geprägt ist vom sogenannten „Deismus". Diese im gedanklichen Umfeld der Aufklärung entwickelte theologische Position geht davon aus, dass Gott Himmel und Erde derart vollkommen geschaffen habe, dass er gar nicht mehr in das irdische Geschehen eingreifen müsse. In diesem Sinne spielt Raphael mit dem Bild der Sonne, die in ihrem Tageslauf „nach alter Weise" (V. 243) mit den anderen Planeten zusammenklinge, auf die antike Idee der Sphärenharmonie an: Die Bewegungen der Himmelskörper würden eine harmonische Musik erzeugen, die Beweis sei für die unveränderliche Ordnung des Kosmos. Gabriel wiederum findet auf der von Gott geschaffenen Erde Beweise einer immerwährenden Harmonie. Die von Michael vorgebrachten Naturkatastrophen scheinen zunächst den Harmoniegedanken zu widerlegen. Im abschließenden gemeinsamen Lobpreis jedoch wird deutlich, dass auch Elemente der Zerstörung zur Schöpfung gehören.

Mephisto führt sich selbst zwar in scheinbarer Unterwürfigkeit als Teil des göttlichen Hofstaats[1] ein (vgl. V. 274), zeigt sich zugleich aber als scharfer Kritiker der von den Engeln als perfekt dargestellten Schöpfung. So hält er Gott ein nur beiläufiges Interesse für seine Schöpfung vor (vgl. V. 271–272) und bezichtigt ihn darüber hinaus der Humorlosigkeit (vgl. V. 278) – womit er ihm im Grunde vorwirft, keine selbstkritische Distanz zu sich und den eigenen Werken zu besitzen. Für Mephisto ist zumindest die Erde – über den Kosmos will er nicht urteilen (vgl. V. 279) – kein Beleg für eine perfekte Schöpfung: „Ich sehe nur, wie sich die Menschen plagen." (V. 280) Preisen die Erzengel die göttlichen Werke als „herrlich wie am ersten Tag" (V. 270), so bezeichnet er den Menschen als „wunderlich als wie am ersten Tag" (V. 282). Die Schuld an den Missständen falle auf Gott selbst zurück. Er habe die Menschen mit der Gabe der Vernunft ausgestattet (vgl. V. 283–284), sie jedoch seien mit ihrem Gebrauch überfordert (vgl. V. 285–286). Dies verdeutlicht er im Bild der Zikade, die sich immer wieder in die Höhe aufschwingt, letztlich aber eine Existenz am Boden führen muss (vgl. V. 287–290). Die Distanz Mephistos zum Pathos der Erzengel wird auch in seinem Sprachgebrauch deutlich: Er könne „nicht hohe Worte" (V. 275) machen. Stattdessen drückt er sich in Madrigalversen aus, der „Umgangssprache"[2] im Drama „Faust".

Mephistos Schöpfungskritik

Der Herr ist der Klagen Mephistos überdrüssig und kontert, indem er als Beweis für die höhere Bestimmung des Menschen den Gelehrten Heinrich Faust ins Spiel bringt (vgl. V. 299). Auch Mephisto kennt diesen Faust und seinen nicht zu befriedigenden Drang über alle Begrenzungen hinaus (vgl. V. 300–307). Für den Herrn zeigt sich im Streben Fausts

Faust als Prüfstein für die Schöpfung

---

[1] Auch im Buch Hiob (I,6), auf das sich Goethe bei der Arbeit an seinem Drama bezog, hat der Satan Zutritt zum göttlichen Kreis.
[2] Eibl, Das monumentale Ich, S. 343

die Sinnhaftigkeit der menschlichen Existenz, auch wenn dieses Verlangen auf Erden nicht erfüllbar ist: „Es irrt der Mensch, solang er strebt." (V. 317) Mephisto wiederum will das positive Menschenbild des Herrn widerlegen: „Staub soll er fressen, und mit Lust" (V. 334) – der „Staub" steht für das Materielle, für die körperlichen Bindungen des Menschen. Wenn Faust diese Beschränkungen als Rahmen seines Daseins akzeptiert, dann behält Mephisto recht. Anders als es die Tradition des „Faust"-Stoffs erwarten ließe, geht es dem Teufel gar nicht so sehr um die Seele Fausts, wenn er versucht, dem Herrn eine Wette unterzuschieben (vgl. V. 312–314): Sollte es Mephisto gelingen, Faust von seiner existenziellen Bestimmung abzubringen, sei ihm „Triumph aus voller Brust" (V. 333) erlaubt – er hegt also einen Wunsch nach Revanche. Denn entsprechend der biblischen Überlieferung gehörte der Teufel ursprünglich zu den ranghöchsten Engeln, wurde jedoch aus dem Himmel verbannt, weil er wie Gott sein wollte. Der Herr geht zwar nicht auf die Wette ein – Gott wettet nicht mit dem Teufel –, aber er lässt Mephisto gewähren (vgl. V. 323–326). Zum einen ist sein Vertrauen in die Qualität seiner göttlichen Schöpfung selbst durch die heftige Kritik Mephistos nicht zu erschüttern (vgl. V. 327–329). Zum anderen sieht er im Treiben des Teufels sogar eine förderliche Wirkung auf Faust, da er dessen Streben nur noch weiter anstachle (vgl. V. 340–343): Die Konfrontation Fausts mit dem Bösen verhindert, dass er möglicherweise erschlaffen und in seinem Streben nachlassen könnte.

Gott als Ausdruck eines Schöpfungsprinzips

Gott kann gegenüber Mephisto völlig gelassen sein, denn für ihn ist auch der Teufel, als Verkörperung des destruktiven Prinzips, Teil der Schöpfung und gestaltet diese unwillentlich mit: „Drum geb ich gern [dem Menschen] den Gesellen zu,/Der reizt und wirkt und muss als Teufel schaffen." (V. 342f.) Damit ist auch schon vor Beginn der Dramenhandlung klar: Mephisto wird unter keinen Umständen über den Herrn triumphieren. Die Schlussworte

Mephistos im „Prolog im Himmel" – „Von Zeit zu Zeit seh ich den Alten gern/Und hüte mich, mit ihm zu brechen." (V. 350f.) – stellen eine völlige Selbstüberschätzung des Teufels dar. Er hat gar nicht die Möglichkeit, mit Gott zu brechen, weil er zu dessen Schöpfungsplan gehört. Auch der Mensch ist Teil dieser Schöpfungsidee: Aufgrund der in ihm angelegten Potenziale kann er aus eigener Kraft seinen Weg finden, er ist fähig zur Selbstreflexion, die ihn in seiner Entwicklung weiterbringt. Im Drama „Faust" ist Gott also keineswegs Repräsentant eines traditionellen religiösen Denkens, sondern Ausdruck eines Schöpfungsprinzips, das auch im Menschen wirksam ist.

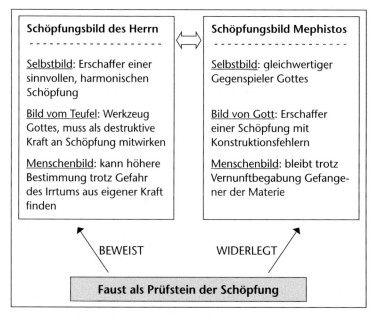

Der „Prolog im Himmel" gibt das Zentralthema des Dramas vor. Am Beispiel Fausts will Goethe nichts Geringeres als die grundsätzliche Frage nach der Bestimmung des modernen Menschen verhandeln, der sich nicht mehr fraglos

Funktion des „Prologs im Himmel"

auf religiöse Gewissheiten stützen kann. Darüber hinaus erfüllt der Prolog eine doppelte dramaturgische Aufgabe. Er motiviert die den weiteren Handlungsverlauf bestimmende Paarbildung zwischen Mephisto und Faust und schafft außerdem eine Rahmenkonstruktion, mit der die beiden Teile des Gesamtwerks „Faust" miteinander verklammert werden. Am Ende von „Faust II" wird die Konfrontation zwischen dem Herrn und Mephisto erneut aufgegriffen und zu einem Ende geführt.

Die drei Schlüssel zum Drama „Faust"

Zueignung
Der biografische Schlüssel:
„Faust" als Goethes Lebenswerk

Vorspiel auf dem Theater
Der kunsttheoretische Schlüssel:
Bedingungen des Theaterschaffens

Prolog im Himmel
Der weltanschauliche Schlüssel:
Faust als Prüfstein der Schöpfung

Nacht

Fausts Charakterisierung durch das Bühnenbild

Goethe hat dem ersten Auftritt Fausts eine knappe, aber aussagekräftige Regieanweisung zum Bühnenbild vorangestellt. Sein Studierzimmer wird als „hochgewölbt" und „eng" beschrieben, was auf die existenzielle Situation seines Bewohners hindeutet: Faust strebt nach oben, zu den höchsten Dingen, findet aber um sich herum zu wenig Raum zur Entfaltung. Er will Grenzen überschreiten, bleibt aber den Beschränkungen durch seine menschliche Existenz ausgeliefert. Das Adjektiv „gotisch" spielt auf den Baustil gotischer Kathedralen an, die in ihrer dichten Raumsymbolik das in sich geschlossene christliche Weltbild des

Mittelalters symbolisieren.[1] Von daher dürfte die von Faust für seine Studierstube gewählte Bezeichnung „Kerker" (V. 398) nicht nur räumlich, sondern auch intellektuell zu verstehen sein. Faust selbst wiederum ruht keineswegs in sich selbst, wie man das von einem in seinen Studien versunkenen Gelehrten erwarten sollte, sondern sitzt „unruhig" an seinem Gelehrtenpult – ein klarer körperlicher Ausdruck seiner seelischen Unzufriedenheit und einer fehlenden inneren Ausgeglichenheit.

Schon das prominent platzierte Klagewort „ach!" (V. 354) macht deutlich: Faust ist frustriert. Er hat mit größtem Ehrgeiz alle bedeutenden Universitätsfächer seiner Zeit studiert, darunter auch die Theologie, die sich besonders den großen Sinnfragen der Menschheit widmet (vgl. V. 354–357). Dabei hat er zwar eine Menge Gescheitheit angehäuft (vgl. V. 366–367) und sich auf diesem Wege eine große innere Freiheit, auch von traditionellen religiösen Vorstellungen, erworben (vgl. V. 368–369). Jedoch ist es Faust nicht gelungen, zu bleibenden Wahrheiten vorzustoßen (vgl. V. 359, 364). Auch jenseits seines Erkenntnisstrebens fällt seine bisherige Lebensbilanz enttäuschend aus, da sich seine Ansprüche betreffend materiellen Wohlstand und gesellschaftliches Ansehen nicht erfüllt haben (vgl. V. 374–375). Seiner existenziellen Unsicherheit meint Faust nur zu entkommen, wenn er sich Gewissheiten verschafft. Er möchte erkennen, „was die Welt/Im Innersten zusammenhält" (V. 382–383). Das Wesen des Daseins sucht er aber nicht mehr in den rationalen Wissenschaften – Faust möchte nicht nur „in Worten kramen" (V. 385) –, sondern in der „Magie" (V. 377), von der er sich einen tieferen Zugang zu den inneren Kräften des Lebens ver-

Fausts Lebensfrustration

---

[1] Der junge Goethe hat sich in seinem 1773 veröffentlichten Aufsatz „Von deutscher Baukunst" intensiv mit der Gotik beschäftigt und sie gegen das zu seiner Zeit verbreitete Vorurteil verteidigt, sie sei im Vergleich zur Antike nur ein minderwertiger Baustil.

spricht (vgl. V. 384). Auf sprachlicher Ebene transportiert der Knittelvers, ein unregelmäßiger und damit unruhiger Vierheber, die imense Unzufriedenheit Fausts.

Fausts
Fluchtfantasie

Die Sprache des Monologs nimmt jetzt einen sehnsüchtigen Klang an, ausgedrückt in einem gleichmäßig vierhebigen Versmaß. Der Mondschein erweckt in Faust den Wunsch, seinem frustrierenden Dasein zu entfliehen und sich in der Natur vom „Wissensqualm" (V. 396) zu befreien. Geradezu selbstquälerisch beklagt Faust sein „Mauerloch" (V. 399), verrümpelt mit den toten Dingen seiner Gelehrtenexistenz: staubige, wurmzernagte Bücher und Forschungsinstrumente (vgl. V. 402–408). Diese verkopfte und beklemmende Umgebung will Faust eintauschen gegen den direkten Kontakt zur „lebendigen Natur" (V. 414). Er entscheidet sich also gegen eine theoretische, durch Bücher vermittelte Weltsicht und für die praktische Anschauung. Doch offenbar kann er sich noch nicht dazu durchringen, völlig mit seiner Gelehrtenexistenz abzuschließen. Wenigstens ein Buch, ein astrologisches Werk des Nostradamus[1], will er als Leitfaden mit in die Natur nehmen (vgl. V. 419–421). Dabei kommt es zu einer komödienhaften Wendung: Faust bleibt prompt an der Lektüre des Buchs hängen (vgl. Regieanweisung, S. 19). Erst rund vierhundert Verse später („Osterspaziergang", ab V. 808) schafft es Faust tatsächlich ins Freie.

Erster Entgrenzungsversuch:
das Zeichen des „Makrokosmus"

Beim Aufschlagen des Buches sticht Faust das Zeichen des „*Makrokosmus*"[2] (Regieanweisung, S. 19) ins Auge, also eine bildliche Darstellung der inneren Zusammenhänge, die man zwischen den Himmelskörpern, elementaren Stoffen und dem Körper des Menschen annahm. Diese symbolische Weltordnung löst in Faust eine enthusiastische Reak-

---

[1] Nostradamus (1503–1566): französischer Arzt und Astrologe, bis heute bekannt für seine kryptischen Zukunftsprophezeiungen
[2] Makrokosmus: lat. Form des auf altgriechisch gebildeten Wortes „Makrokosmos" mit der Bedeutung „große Ordnung"

tion aus. Er fühlt sich augenblicklich durch „heil'ges Lebensglück" (V. 432) neu belebt und aus seiner Verzweiflung gerissen, da er meint, den lange ersehnten Einblick in die „Kräfte der Natur" (V. 438) gewonnen und damit seine existenzielle Unruhe, „das innre Toben" (V. 435), befriedigt zu haben – der Streit zwischen dem Herrn und Mephisto über den Charakter Fausts würde sich damit auf undramatische Weise auflösen! Im Überschwang des Augenblicks wähnt Faust sich sogar gottgleich (vgl. V. 439), da er die innersten Zusammenhänge der Schöpfung zu durchschauen meint (vgl. V. 440–441) – das in diesem Kontext zentrale Bild des Webens, „Wie alles sich zum Ganzen webt" (V. 447), für das Schöpfungsprinzip wurde von Faust bereits in V. 395 eingeführt und wird auch vom Erdgeist in der Metapher vom „Webstuhl" (V. 508) aufgegriffen. Trotz seiner Begeisterung muss Faust am Ende erkennen, dass er sich von einem „Schauspiel" (V. 454) hat hinreißen lassen. Die Darstellung des Makrokosmos bleibt nichts anderes als ein totes Zeichen in einem Buch. Faust strebt weiter nach einem unmittelbaren Zugang zu den Geheimnissen des Lebens: „Wo fass ich dich, unendliche Natur?" (V. 455)

Das Zeichen des Makrokosmos

Trotz seiner Enttäuschung kann Faust von der Lektüre des Buchs nicht ablassen und konzentriert sich nunmehr auf das Zeichen des Erdgeistes[1], der bei ihm neuerlich Hoffnung auf direkte Welterfahrung weckt: „Ich fühle Mut, mich in die Welt zu wagen" (V. 464). Da der Erdgeist, anders als der weltferne Makrokosmos, der Sphäre der ir-

Zweiter Entgrenzungsversuch: die Beschwörung des Erdgeists

---

[1] Erdgeist: als Gestalt der magischen Welt offenbar eine literarische Erfindung Goethes

22 Inhalt, Aufbau und erste Deutungsansätze

Faust und der Erdgeist, eigenhändige Illustration Goethes

dischen Natur zuzurechnen ist, fühlt Faust zu ihm eine größere Nähe (vgl. V. 461) und versucht eine Beschwörung. Der Übergang zu freien Versrhythmen (ab V. 468) macht deutlich, dass Faust sich jetzt in einem sehr aufgeregten Zustand befindet. Die Beschwörung gelingt zunächst: Der Erdgeist erscheint, doch seine Gegenwart ist für Faust kaum auszuhalten (vgl. V. 485). Entgegen seiner eigenen Erwartung ist er der Welt der Magie nicht gewachsen. Der Erdgeist wiederum hat für die Vermessenheit Fausts nur

Spott übrig: „Wo ist die Brust, die eine Welt in sich erschuf,/ […] die […]/Erschwoll, sich uns, den Geistern, gleich zu heben?" (V. 491–493) Zwar bäumt sich Faust auf – „Ich bin's, bin Faust, bin deinesgleichen!" (V. 500) –, doch offenbar hat er die Position seines Gegenübers in der Geisterwelt unterschätzt. Tatsächlich spielt der Erdgeist eine hervorgehobene Rolle im Rahmen der göttlichen Schöpfung (vgl. V. 501–509), weshalb ihn der Mensch Faust nicht zu fassen vermag. Als der Erdgeist mit seinen letzten Worten – „Du gleichst dem Geist, den du begreifst,/Nicht mir!" (V. 512–513) – Faust die unüberwindliche Distanz zwischen ihnen klarmacht, bricht dieser zusammen.

Fausts magische Versuche werden durch den komödienhaften Auftritt Wagners unterbrochen. Der Gehilfe Fausts trägt Schlafrock und Nachtmütze und missdeutet die Stimme aus dem Gelehrtenzimmer als rhetorischen Vortrag eines Theaterstücks (vgl. V. 522–523). Dieses Missverständnis leitet ein Gespräch ein, in dem zwei völlig unterschiedliche Grundhaltungen zur Wissenschaft deutlich werden. Anders als Faust, der sich von der Universitätsgelehrsamkeit abgewendet hat, wird Wagner nach wie vor von der akademischen Wissbegier angetrieben (vgl. V. 524, 600–601). Von Faust möchte er erfahren, wie man mithilfe der Redekunst die Zuhörer beeinflussen kann (vgl. V. 533, 546). Dieser entlarvt ein solches Ansinnen als oberflächliches Streben (vgl. V. 542–543). Wer sich innere Wahrheiten erworben hat, könne ohne rhetorische Mittel überzeugen (vgl. V. 548–553). Auch gegen Wagners Einwand, dass der Weg zur Wahrheit, wenn überhaupt, nur schwer gemeistert werden könne (vgl. V. 558–565), beharrt Faust auf seiner Position. Buchwissen, aus vergangenen Zeiten überliefert[1] – dafür steht das „Pergament" (V. 566) – und angelernt, statt innerlich angeeignet, kann auf Dauer nicht

Wagner als Kontrastfigur

---

[1] Faust spielt damit auf die Lehrwerke der antiken Rhetorik an.

erfüllend sein (vgl. V. 566–569). Dieser hohe Anspruch Fausts offenbart einen weiteren Gegensatz: Die von Wagner angestrebte Bildung für das breite Volk (vgl. V. 586–587) ist im Urteil Fausts nicht verwirklichbar, weil echte Erkenntnis nur wenigen Menschen vorbehalten sei (vgl. V. 588–593). Die Auseinandersetzung mit Wagner hat vor allem die Funktion, den nach der Begegnung mit dem Erdgeist am Boden zerstörten Faust in die Realität seiner Studierstube zurückzuholen (vgl. V. 610–611).

Die stoffliche Welt als Gefängnis für den Geist

Nach dem Abgang Wagners ist Faust wieder mit sich allein. In der nächsten Phase seines Reflexionsmonologs zelebriert er ein weiteres Mal seinen allgemeinen Lebensfrust. Die fehlgeschlagene Annäherung an den Erdgeist hat ihm drastisch das „ungewisse Menschenlos" (V. 629), also seine existenzielle Orientierungslosigkeit (vgl. V. 630–633), vor Augen geführt. Dabei begreift er die Begrenzungen seines Daseins durch die materiellen Bedingungen der Welt („fremd und fremder Stoff", V. 635) und durch die Konzentration der Menschen darauf („Die Sorge", V. 644) als Ballast, der den Aufstieg des Geistes zu umfassender Erkenntnis („zum Ewigen", V. 641) verhinderte. Dieses stoffliche Gefängnis konkretisiert sich für den Gelehrten Faust in der Enge seiner Studierstube und in den vielen angehäuften Instrumenten, mit denen er vergeblich Einsicht in die inneren Geheimnisse der Natur zu erzwingen versucht hat. Seine Verwendung des Ausdrucks „Staub" (V. 656) knüpft direkt an den „Prolog im Himmel" an: Darin hat Mephisto mit den Worten „Staub soll er fressen, und mit Lust" (V. 334) die Ergebung Fausts in sein irdisches Schicksal vorhergesagt. Von einer solchen Resignation zeigt sich Faust freilich weit entfernt. Er strebt nach wie vor nach Überwindung der „Mottenwelt" (V. 659), in der er seine Sehnsucht nach Erkenntnis nicht befriedigen kann (vgl. V. 660). Zum „Trödel" (V. 658) gehören auch die väterlicherseits ererbten Gerätschaften (vgl. V. 676–685), von denen er sich distanziert. Dadurch verneint er ganz allgemein den Nutzen jeder Form überlieferten Wissens. Will Faust zu höheren Wahrheiten vordringen, kann er nur auf sich selbst zählen. Inmitten des Gerümpels entdeckt Faust eine Flasche mit Gift (vgl. V. 694), die ihm einen neuen, radikalen Weg der Selbstentgrenzung verspricht: Durch einen Selbstmord könnte er „zu neuen Ufern" (V. 701) aufbrechen und damit sein innerstes Streben (vgl. V. 697) befriedigen. Die Aussicht, befreit von den Fesseln der materiellen Welt zu „Sphären reiner Tätigkeit" (V. 705) aufzusteigen, versetzt ihn in ein schwärmerisches Hochgefühl. Dabei erscheint ihm der Suizid als große männliche Tat, mit der er sich der angestrebten „Götterhöhe" (V. 713) würdig erweisen könne – auch wenn er sich des Risikos bewusst ist, dass er mit dem Selbstmord unter Umständen seine Existenz auslöscht (vgl. V. 719). Entschlossen will Faust den Gifttrunk zu sich nehmen, zubereitet in einer Schale, die seiner Familie früher für Trinkfeste gedient hatte und bei dem einsamen Gelehrten Erinnerungen an seine fröhlichere Jugendzeit weckt (vgl. V. 720–729) – offenbar erwacht in seinem Gemüt neben seiner Entschiedenheit zum Suizid zugleich eine gewisse wehmütige Stimmung.

Dritter Entgrenzungsversuch: Entschluss zum Selbstmord

Die titanische[1] Entschlossenheit Fausts, durch eine derart radikale Entgrenzungstat den Göttern die Stirn zu bieten, hält nicht lange vor. Der Klang von Kirchenglocken und die Gesänge einer nahen Osternachtfeier[2] hindern ihn, das Gift zu sich zu nehmen (vgl. V. 742–743). Als junger Mensch hatte ihm der Glaube, offenbart im Gebet und in schwärmerischer

Das Scheitern des Selbstmordversuchs

---

[1] titanisch: Als Titanismus bezeichnet man das trotzige Ankämpfen eines Einzelnen gegen unüberwindliche Grenzen. Die Bezeichnung geht auf die Titanen, ein Göttergeschlecht aus dem antiken Mythos, zurück.
[2] Die Christen gedenken in der Nacht vor dem Ostersonntag der Auferstehung Jesu Christi am dritten Tag nach seiner Kreuzigung am Karfreitag. Die von Faust vernommenen Chöre der „Engel", der „Weiber" und der „Jünger" vergegenwärtigen das in der Bibel überlieferte Heilsgeschehen in Form eines musikalischen Dialogs.

Naturerfahrung, Sinn und Orientierung verheißen (vgl. V. 769–778). Auch wenn der gereifte Faust den Auferstehungsglauben des Christentums nicht mehr teilt (vgl. V. 765), versetzt ihn die Erinnerung an die erfüllenden Kindheitserfahrungen in einen Zustand tränenreicher Rührung und lässt ihn seinen Entschluss zum Selbstmord widerrufen: „die Erde hat mich wieder!" (V. 784). Faust wird also durch den „Chor der Engel" an ein in der Kindheit erfahrenes göttliches Prinzip erinnert und damit vom letzten Schritt, mit dem er sein Streben unwiderruflich beenden würde, abgehalten. Mit dem Scheitern des dritten Entgrenzungsversuchs endet der nächtliche Reflexionsmonolog Fausts, ohne dass er aus eigener Kraft einen Weg zu höheren Wahrheiten gefunden hätte.

Fausts Entgrenzungsversuche

Vor dem Tor

Am Ostersonntag verlässt Faust die Enge und Dunkelheit des nächtlichen Studierzimmers und macht gemeinsam mit Wagner einen Spaziergang in der freien Natur vor den Toren der Stadt. Dort entfaltet sich ein buntes Panorama des gesellschaftlichen Lebens. Die jungen Leute nutzen den Feiertag, um bei Tanz und Bier gemeinsam zu feiern und zu flirten (vgl. V. 808–843). Bei der Partnersuche vertraut man auch auf die Zauberei von Hexen (vgl. V. 876–883) – eine platte Instrumentalisierung, die in deutlichem Kontrast zur ernsten Rolle der Magie bei der existenziellen Sinnsuche Fausts steht. Die älteren Bürger, die sich in behaglicher Selbstzufriedenheit eingerichtet haben, schimpfen gewohnheitsmäßig auf die lokale Politik (vgl. V. 844–851) und sind gleichzeitig froh, im Frieden ihrem Alltag nachgehen zu können und den Krieg nur als Spektakel in weit entfernten Ländern zu erleben (vgl. V. 860–871). Das Lied des Soldaten (vgl. V. 884–902) fasst die Lebensziele der breiten Masse metaphorisch zusammen: Die Eroberung von Burgen und Mädchen steht für das Streben nach materiellem Besitz und sexuellem Erfolg.

Die Gesellschaft außerhalb des Studierzimmers

Faust erlebt die Stimmung des Ostertags wie eine allgemeine Auferstehung. Nach einem langen Winter[1] erwacht überall in der Natur das Leben (vgl. V. 912). Die Menschen stehen dabei nicht außerhalb der natürlichen Ordnung, sondern spielen eine eigene Rolle im Frühlingsgeschehen (vgl. V. 913–915). Das Osterfest begehen die Menschen mit innerer Anteilnahme, weil es ihre eigene Lebenssituation widerspiegelt (vgl. V. 921–922): War das Leben in der winterlichen Stadt bestimmt von Dunkelheit und „quet-

Religiöse Geborgenheit des Volks

---

[1] Eine Eisschmelze erst um die Osterzeit war für die Epoche Goethes nicht ungewöhnlich: In Mitteleuropa herrschte zwischen dem Spätmittelalter und der Wende zum 19. Jahrhundert die sogenannte „Kleine Eiszeit" und damit ein vergleichsweise kaltes Klima mit harten Wintern.

schender Enge" (V. 926), erfahren die Menschen durch das Licht des Frühlings Befreiung und neue Lebensfreude (vgl. V. 929–936). Das Vertrauen auf den religiösen Sinn ihres Daseins ist der Grund ihrer inneren Zufriedenheit (vgl. V. 938). „Hier bin ich Mensch, hier darf ich's sein!" (V. 940) – so formuliert es Faust aus der Distanz des bewundernden, vielleicht sogar neidischen Beobachters. Ihm selbst bedeutet die Religion ja nichts mehr (vgl. V. 765) und eine andere Antwort auf die Sinnfrage hat er noch nicht gefunden. Sein Begleiter Wagner dagegen ist zu einer vertieften Wahrnehmung des Geschehens überhaupt nicht fähig, er vermag nur die realistische Oberfläche zu sehen. Als Angehöriger der gebildeten Schichten fühlt er sich abgestoßen von der Derbheit der Masse (vgl. V. 943–948). Goethe setzt ihn sogleich ins Unrecht: Der Gesang der „Bauern unter der Linde" (vgl. V. 949–980) erzählt von der Verführung eines unschuldigen Mädchens und deutet damit auf die Gretchentragödie voraus – hinter dem rauen Treiben des einfachen Volkes lässt sich eine tiefere Sinnebene entdecken.

Fausts Schuldigwerden durch wissenschaftliche Praxis

Ein alter Bauer lädt Faust zu einem Ehrentrunk ein (vgl. V. 981–990) und drückt damit den Respekt und die Dankbarkeit der Bevölkerung gegenüber dem Gelehrten aus: In jungen Jahren hatte sich Faust an der Seite seines als Arzt tätigen Vaters im Kampf gegen die Pest ausgezeichnet (vgl. V. 995–1006). Als er seinen Weg mit Wagner fortsetzt, zeigt sich dieser beeindruckt von der Verehrung, die Faust im Volk genießt (vgl. V. 1011–1021). Dieser jedoch empfindet den Ruhm als „Hohn" (V. 1030). In Wirklichkeit sei sein Vater ein Kurpfuscher gewesen. Als Alchimist[1] habe er ein gefährliches Heilmittel ersonnen, das aber zum Tode vieler Menschen geführt habe. Auch Faust selbst ist dabei

---

[1] Alchemie: von der Antike bis in die frühe Neuzeit gepflegte Lehre von der Veredlung minderwertiger in höherwertige Stoffe, vorrangig mit dem Ziel der Herstellung von Gold; Vorläufer der wissenschaftlichen Chemie

als Mörder schuldig geworden (vgl. V. 1053). Wagner sieht darin nichts Vorwerfbares, schließlich habe Fausts Vater sein wenn auch beschränktes Können in bester Absicht angewandt (vgl. V. 1056–1059) und mit der Weitergabe des Wissens an die nächste Generation lasse sich dieses schrittweise verbessern (vgl. V. 1060–1062). Doch Faust schneidet den Einwand ab: Er hält nichts vom wissenschaftlichen Fortschrittsglauben, man bleibe letztlich im „Meer des Irrtums" (V. 1065) gefangen. Insgesamt macht der Handlungsabschnitt deutlich, dass Faust nicht nur aus erkenntnistheoretischen Gründen an der Wissenschaft verzweifelt; das Streben nach Erfolg und wissenschaftlichem Prestige hat ihn sogar zum Mörder werden lassen.

Mit dem Sonnenuntergang begeistert sich Faust erneut an der verheißungsvollen Naturstimmung. Er träumt davon, sich vom Boden seiner Existenz zu erheben und der Sonne, der Quelle allen Lebens, nachzufliegen (vgl. V. 1074f.), um „ihr ew'ges Licht zu trinken" (V. 1086), also die ersehnten Wahrheiten über den Sinn des Daseins zu finden. Doch Faust muss erkennen, dass zwar sein Geist, aber nicht sein Körper über Flügel verfügt und er in den Fesseln seines materiellen Daseins gefangen bleibt (vgl. V. 1090–1091). Wagner wiederum kann den Höhenflug Fausts nicht nachvollziehen. Er will am Boden bleiben (vgl. V. 1103), strebt also nicht danach, die Beschränkungen seiner Existenz zu überwinden. Seine geistigen Bedürfnisse werden durch intellektuelles Buchwissen vollauf befriedigt (vgl. V. 1104–1109). Das Wesen Fausts ist dagegen von einer komplexen inneren Spannung geprägt: „Zwei Seelen wohnen, ach! in meiner Brust" (V. 1112). Der erste Trieb klammert sich an die – nicht zwangsläufig negativ zu verstehenden, weil lebensnotwendigen – materiellen Gegebenheiten des Seins (vgl. V. 1114f.), der zweite Trieb wirkt gewissermaßen in die Gegenrichtung und versucht, sich aus diesen Beschränkungen zu befreien (vgl. V. 1116f.).

Die „zwei Seelen" in Fausts Wesen

„Zwei Seelen" in Fausts Brust

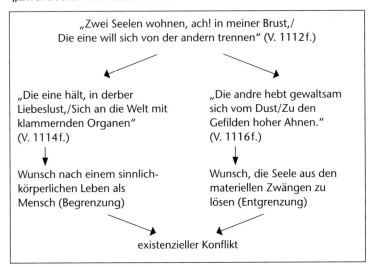

Das erste Erscheinen Mephistos als Pudel

Aus seiner Wesenspolarität heraus entsteht in Faust der Wunsch nach einer Weltfahrt. Wagner warnt ihn zwar mithilfe eines belehrenden Vortrags über Dämonen (vgl. V. 1126–1144) davor, sich mit der Geisterwelt einzulassen, aber er kann ihn mit seinem angelernten Wissen nicht beeindrucken. Fausts Aufruf, von einem Geistwesen „zu neuem, buntem Leben" (V. 1121) entführt zu werden, ruft Mephisto auf den Plan, der zunächst einmal in Gestalt eines streunenden Pudels erscheint. Das ungewöhnliche Verhalten des Tieres erklärt sich Wagner aus seinem Wissen über Hunde (vgl. V. 1165), während Faust schon ahnt, dass es sich nicht um einen gewöhnlichen Hund handeln dürfte, sondern um ein Geistwesen, von dem ein magischer Einfluss ausgeht (vgl. V. 1158). Die unterschiedlichen Reaktionen von Faust und Wagner machen ein weiteres Mal ihren jeweiligen Wirklichkeitszugang deutlich: Wagner deutet die Welt aus seinem Bücherwissen heraus, wohingegen Faust Offenheit für die innere Bedeutung äußerlicher Phänomene besitzt.

Studierzimmer

Ins Studierzimmer zurückgekehrt, wirkt bei Faust zunächst die harmonische Naturerfahrung des Osterspaziergangs nach. In feierlichen jambischen Vierhebern drückt er das Empfinden seiner „bessre[n] Seele" (V. 1181) sowie eine neue Hoffnung auf Einklang mit einem umfassenden Sinn des Lebens (vgl. V. 1198–1201) aus. Allerdings muss Faust wegen des kläffenden Pudels mehrfach unterbrechen. Sein Ärger kommt sprachlich in freien Rhythmen zum Ausdruck. Der Pudel erreicht bald sein Ziel, die Ausgeglichenheit Fausts ist dahin (vgl. V. 1210–1211). Doch dieser will die unverhofft zuteilgewordene harmonische Stimmung festhalten und wendet sich deshalb der Bibel zu (vgl. V. 1213–1219). In seinem Vorhaben, das Neue Testament ins Deutsche zu übersetzen, beißt er sich am ersten Satz des Johannes-Evangeliums fest. „Im Anfang war das Wort." (V. 1224) Die Übersetzung des griechischen Ausdrucks „logos" mit „Wort" (V. 1226) oder „Sinn" (V. 1229) kann ihn nicht zufriedenstellen, da er sich von der Welt der Bücher und des Gelehrtenwissens keine Erkenntnisse mehr erwartet. Über die Alternative „Kraft" (V. 1233) findet er schließlich zum Begriff „Tat" (V. 1237), in dem er seine Sehnsucht nach Tätigkeit und damit nach unmittelbarer und realer Welterfahrung ausgedrückt findet. In dieser Abwägung verschiedener Übersetzungsvarianten spiegelt sich also die innere Entwicklung Fausts in höchster begrifflicher Verdichtung wider.

Faust, in seiner Meditation ein weiteres Mal vom Pudel gestört, will seinen tierischen Gast hinauswerfen. Aber der Pudel beginnt, seine Gestalt in furchterregender Weise zu verändern (vgl. V. 1247–1255), und Faust bekommt bestätigt, dass er es nicht mit einem gewöhnlichen Hund zu tun hat. Der Geistergesang auf dem Gang deutet an, dass im Studierzimmer eine offenbar sehr einflussreiche Geistgestalt anwesend ist (vgl. V. 1259, 1269–1270). Faust ist

Wiederkehr der inneren Unruhe Fausts

Unmittelbare Vorbereitung auf das Erscheinen Mephistos

sich sicher, aus eigener Kraft diese Erscheinung bannen zu können (vgl. V. 1257–1258), und versucht es zunächst mit magischen Beschwörungssprüchen (vgl. V. 1271–1291). Als diese wirkungslos verpuffen (vgl. V. 1292–1297), kommt er zum Schluss, dass er es nicht mit einem gewöhnlichen Erdgeist, sondern mit einem Gesandten der Hölle zu tun haben muss (vgl. V. 1298f.). Deshalb setzt Faust nun auf die beschwörende Kraft des christlichen Kreuzes (vgl. V. 1300–1302), ohne jedoch damit den unheimlichen Gestaltwandel des Pudels aufhalten zu können (vgl. V. 1310–1313). Alles in allem lässt die sich insgesamt über 80 Sprechverse erstreckende unmittelbare Hinführung zum Erscheinen Mephistos (vgl. V. 1238–1321) eine Spannungskurve entstehen, mit der Goethe die Zuschauer auf die zentrale dramatische Bedeutung des folgenden Geschehens vorbereitet.

Mephisto als „des Pudels Kern"

Als sich der Rauch in seinem Studierzimmer legt, lernt Faust „des Pudels Kern" (V. 1323) kennen: Mephisto erscheint ihm in der Gestalt eines *„fahrende[n] Scholastikus"* (Regieanweisung, S. 45), also eines Studenten, der auf einer mehrjährigen Wanderschaft verschiedene Universitäten besucht. Damit führt sich Mephisto zum einen als gesellschaftlich angemessener Interaktionspartner für den Gelehrten Faust ein und verweist zum anderen auf die Weltfahrt, auf die er Faust im weiteren Handlungsverlauf führen wird.

Mephistos Selbstdefinition

Mephisto definiert sich, übereinstimmend mit der Wesenszuschreibung durch den Herrn (vgl. V. 338ff.), als „Geist, der stets verneint" (V. 1338). In der Rolle des Verneiners arbeitet er seinem Verständnis entsprechend gegen die Schöpfung, um das Grundprinzip des immerwährenden Werdens auszuhebeln (vgl. V. 1341). Gemessen an den moralischen Kategorien der Menschheit ist Mephisto somit „das Böse" (V. 1343). Aber gegenläufig zur Schöpfungsidee des Herrn aus dem „Prolog im Himmel", wonach das Böse letztlich nur Teil der im Kern guten Schöpfung ist, entfaltet Mephisto einen konträren Schöpfungsmythos. Das eigentliche Urprinzip sei die „Finsternis" (V. 1350), also das Nichts, gewesen. Das „Licht" (ebd.), ohne Dunkelheit nicht denkbar, habe jedoch die Oberhand gewonnen (vgl. V. 1351–1352) – folgerichtig gehört Mephisto zum Gesinde, also zu den versammelten Dienern und Knechten, des

Mephisto erscheint Faust: Lithografie von Eugène Delacroix, 1925–27

Herrn (vgl. V. 274). Aber genauso wenig wie Mephisto dem Nichts zum Sieg verhelfen kann (vgl. V. 1365–1373), vermag sich das Licht endgültig durchzusetzen, weil alles Existierende in seinem Streben an das Materielle gebunden bleibt und damit dem Vergehen anheimfällt (vgl. V. 1353–1358). Dieses Weltbild erklärt die Aussage Mephistos, er sei „[e]in Teil von jener Kraft,/Die stets das Böse will und stets das Gute schafft" (V. 1336–1337). Der Zerstörende ermöglicht neues Werden und dieses Werden ist ohne Vergehen gar nicht denkbar – auch der Herr beschreibt im „Prolog im Himmel" Mephisto ja als schaffende Kraft, die den Menschen zur Aktivität anstachelt (vgl. V. 340–343). Die radikale Schöpfungskritik Mephistos motiviert seine Abmachung mit dem Herrn: Wenn Faust in seinem Streben nachlässt und sich auf das Materielle beschränkt, liefert er den besten Beweis für die existenzielle Vorherrschaft des Nichts.

<small>Fausts erfolgloses Machtspiel mit dem Teufel</small>

Faust widerspricht dieser Weltsicht energisch und verspottet das Zerstörungshandeln des Teufels als „vergebens" (V. 1382). Mephisto, in der Überzeugung, dass er im Moment nicht weiterkommt, will sich entfernen. Allerdings hindert ein magisches Schutzzeichen den Teufel am Überschreiten der Türschwelle (vgl. V. 1393, 1395). Faust, vorher an der Beschwörung des Erdgeists gescheitert, begreift, dass ihm sein „Gefangner" (V. 1404) eine neue Chance bietet, mit der Geisterwelt in Austausch zu treten und auf diesem Wege eine höhere Stufe der Erkenntnis zu erreichen. Im Bewusstsein seiner Überlegenheit bringt er einen „Pakt" (V. 1414) ins Spiel. Damit spielt er zwar den Absichten Mephistos in die Hände, dieser aber will offenbar eine bessere Verhandlungsposition abwarten. Um Faust hinzuhalten, verspricht er ihm ein intensives Erlebnis für alle Sinne (vgl. V. 1436–1446). Zu diesem Zweck ruft er Geister zu Hilfe, die Faust im Traum aus seiner Studierstube (vgl. V. 1447–1448) in eine paradiesische Gegenwelt der

Harmonie und des Lebensgenusses (vgl. V. 1449–1505) führen – eine Vorausdeutung auf die Weltfahrt, die Mephisto mit Faust im weiteren Verlauf der Handlung unternimmt. Als Faust eingeschlafen ist, lässt Mephisto das Zeichen an der Schwelle von einer Ratte abnagen und kann deshalb die Studierstube durch die Tür verlassen (vgl. V. 1506–1525). Faust, wieder erwacht, muss einsehen, dass er das Machtspiel mit dem Teufel verloren hat, und fällt erneut in tiefe Verzweiflung (vgl. V. 1526–1529).

Studierzimmer II

Erneut sucht Mephisto Faust in seinem Studierzimmer auf. Diesmal ist er nicht mehr als Student, sondern als „edler Junker" (V. 1535), also als weltmännischer Adliger, gekleidet. Damit beweist Mephisto nicht nur seine eigene äußere Anpassungsfähigkeit: Indem er an Faust appelliert, sich ebenso wie er zu kleiden, fordert er ihn zu einem existenziellen Wandel auf: Faust soll sein Gelehrtendasein hinter sich lassen und sich für die Weltfahrt bereit machen. *Mephistos abermaliges Erscheinen*

Auf Mephistos Einladung zu unmittelbarer Lebenserfahrung (vgl. V. 1542f.) reagiert Faust mit einer verzweifelten Klage: Jede Form der Welterfahrung lässt ihn die Enge seines materiellen Daseins spüren (vgl. V. 1544f.) und weil das in seinem Inneren empfundene Streben nach Höherem aufgrund der materiellen Beschränkungen nicht erfüllbar ist (vgl. V. 1566–1569), wünscht er sich als Erlösung den Tod (vgl. V. 1571). Als Mephisto Fausts Leidensdruck mit feinem Spott infrage stellt, indem er ihn an das Scheitern seines Selbstmordversuchs erinnert (vgl. V. 1579f.), steigert sich Faust noch mehr in eine umfassende Verzweiflung hinein. Sein Fluch gilt allem, was der Seele eine Sinnhaftigkeit der irdischen Existenz vorspiegelt (vgl. V. 1587–1590): die Wertschätzung für die eigene Person (vgl. V. 1591–1592), der schöne Schein der Dinge (vgl. V. 1593–1594), Ruhm und Ansehen (vgl. V. 1595–1596), Eigentum und Vermö- *Fausts Frustrede* gen (vgl. V. 1597–1602), kulinarische Genüsse (vgl. V. 1603). Als Höhepunkt verflucht er sogar die religiösen Werte der Menschheit, konkret Glaube, Hoffnung und Liebe (vgl. V. 1604–1605), also die drei „göttlichen Tugenden"[1] des Christentums, sowie die im Christentum ebenfalls geschätzte Tugend der Geduld (vgl. V. 1606) – Letztere ist dem von einem unbändigen inneren Streben angetriebenen Faust offenbar besonders wesensfern.

Mephistos Angebot eines Pakts ...

Ein Geisterchor stimmt in Fausts Verzweiflung ein (vgl. V. 1607–1616), um ihn dann zu neuer Lebenslust und neuen Aktivitäten aufzufordern (vgl. V. 1617–1626). Mephisto verniedlicht zunächst den Appell der Geister (vgl. V. 1627–1634), macht ihn aber dann schleichend zu seiner eigenen Botschaft (vgl. V. 1635–1638). Faust soll seinen Frust hinter sich lassen (vgl. V. 1635–1636), Mephisto stellt sich ihm für seinen Weg zurück ins Leben als „Diener" und „Knecht" (V. 1648) zur Verfügung. Als Preis für die Dienstbarkeit Mephistos im „[H]ier" (V. 1656), also im Diesseits, muss sich Faust dem Mephisto „drüben" (V. 1658), im Jenseits, verpflichten. Diese Vereinbarung entspricht auf dem ersten Blick dem althergebrachten Teufelspakt, in dem der Teufel dem Menschen für einen genau definierten Zeitraum dient, um dann über dessen Seele zu verfügen. Der von Mephisto formulierte Vertragsinhalt jedoch weicht in zwei wesentlichen Punkten von der Traditionslinie ab. Zum einen ist der Dienst des Teufels nicht präzise befristet. Zum anderen enthält das Wörtchen „wenn" (vgl. V. 1658) eine Doppeldeutigkeit. Die Konjunktion lässt sich in temporalem Sinne interpretieren – „Sobald Faust im Jenseits ist, …" –, ebenso möglich ist jedoch eine konditionale Deutung: „Für den Fall, dass sich Mephisto und Faust im Jen-

---

[1] „göttliche Tugenden": Im Christentum wurden der in der antiken Philosophie ausgebildete Katalog der vier menschlichen Grundtugenden – Verständigkeit, Tapferkeit, Gerechtigkeit und Frömmigkeit – erweitert um die drei „göttlichen Tugenden" Glaube, Hoffnung und Liebe.

seits wiederfinden ..." Damit träte die Pflicht Fausts zur Gegenleistung keineswegs zwangsläufig ein. Ein wichtiges Argument, das für die zweite Lesart spricht, ist die Wortwahl „wiederfinden" (V. 1658), weil sie die Möglichkeit einer Begegnung im Jenseits weit weniger zwingend erscheinen lässt als etwa die Vokabel „wiedersehen".

Faust reagiert auf das Angebot, indem er in spöttischem Hochmut den Sinn der Vereinbarung grundsätzlich infrage stellt. So macht er klar, dass ihm sein Schicksal im Jenseits egal ist (vgl. V. 1660–1670) und ihn mögliche Pflichten im „Drüben" nicht sonderlich beschäftigen. Mephisto wiederum traut er nicht zu, sein innerstes Streben befriedigen zu können (vgl. V. 1675–1677). Dieses richtet sich, nach dem Scheitern seiner Entgrenzungsversuche, auf ein neues Ziel, das er in metaphorischer Weise (vgl. V. 1678–1687) beschreibt: Er will nicht nur Sättigung, Reichtum, eine treue Partnerin, sondern immer auch das Gegenteil erleben, er möchte „das Höchst' und Tiefste greifen" (V. 1772). Das bedeutet: Wenn er schon nicht das Schöpfungsprinzip durchschauen kann, will er wenigstens die Summe menschlicher Erfahrungsmöglichkeiten erleben. Faust sagt von sich selbst: „Du hörest ja, von Freud' ist nicht die Rede./ Dem Taumel weih ich mich, dem schmerzlichsten Genuss,/ Verliebtem Hass, erquickendem Verdruss." (V. 1765–1767) Damit macht er deutlich, dass er „Genuss" nicht etwa im herkömmlichen Sinne, also als Konsum, versteht. Vielmehr sucht er die Summe der menschlichen Erfahrungsmöglichkeiten, also Positives und Negatives. Mephisto wiederum gibt sich gegenüber Faust überzeugt, er könne ihm alles bieten, was er begehre, um damit sein Streben zu stillen (vgl. V. 1688–1691). Doch klar ist auch: Für Mephisto bedeutet „Genuss" nur oberflächliches, passives Konsumieren. So bietet er beispielsweise, „Guts in Ruhe [zu] schmausen" (V. 1691), wo Faust eigentlich „Speise, die nicht sättigt" (V. 1678), sucht, und verfehlt damit die wesentlich

... wird von Faust infrage gestellt ...

komplexeren Bedürfnisse Fausts. Dieser entgegnet Mephisto: „Kannst du mich mit Genuss betrügen-/Das sei für mich der letzte Tag!" (V. 1696 f.) Das heißt: Würde er sich auf die platten Verführungen Mephistos einlassen, könnte er seiner Bestimmung zu immerwährendem Streben und Aktivität nicht gerecht werden und würde in der Stagnation enden – damit hätte er zugleich das negative Menschenbild Mephistos bestätigt.

... und in eine Wette um die Schöpfung umgeformt

Die von Mephisto in Aussicht gestellte „Ruhe" (V. 1691) ist nicht das, wessen Faust bedarf. Dieser ist sich bewusst: Sobald er sich tatsächlich „auf ein Faulbett" (V. 1692) legt, dann hat er durch seine Selbstzufriedenheit (vgl. V. 1695) den Sinn seiner Existenz verfehlt. In der subjektiven Sicherheit, dass dieser Fall niemals eintreten wird, kann Faust diese Möglichkeit Mephisto ohne Risiko als Wettgegenstand anbieten (vgl. V. 1698) – gewissermaßen treibt er also seinen Spott mit dem Teufel. Doch als der nichts begreifende Mephisto die Wette schon angenommen hat (vgl. V. 1699), modifiziert Faust den Wettinhalt nochmals, indem er in einer Zusatzklausel jetzt wirklich auf seine Existenz wettet: Sollte er auf Erden auch nur einen Augenblick aufhören, zu streben, aktiv zu sein und sein Leben nur noch passiv hinnehmen – „Verweile doch! Du bist so schön!" (V. 1700) –, dann wird er bereitwillig das Ende seiner Existenz akzeptieren (vgl. V. 1702), da er darüber hinaus nichts mehr zu erwarten hat (vgl. V. 1706). Damit steht die Binnenwette zwischen Faust und Mephisto in direktem Zusammenhang mit der Rahmenwette aus dem „Prolog im Himmel". Wenn Faust den Sinn seines individuellen Daseins vollenden kann, behält auch der Herr recht, der die Gutheit seiner Schöpfung und die Sinnhaftigkeit des Menschenlebens an sich gegen den Verneiner Mephisto behauptet. Im gegenteiligen Falle gilt der erste Teil der Wette: Sollte Faust „beharre[n]" (V. 1710), also seinen Drang zu streben verlieren, verpflichtet er sich als

Faust und Mephisto – vom Teufelspakt zur Wette

Faust:

umfassender Lebensfrust, enttäuscht von den Beschränkungen des Daseins

Mephisto:

will am Beispiel Fausts das Streben als Wesenszug der Menschheit widerlegen

↓

Vorschlag eines Pakts: Mephisto als Diener Fausts auf Erden, bei Wiedersehen im Jenseits Faust als sein Diener

Spott über Bedingungen des Pakts: Jenseits für ihn ohne Bedeutung; kein Glaube an Mephistos Fähigkeit, das innere Streben Fausts zu befriedigen

Unterschätzen der Bedürfnisse Fausts; überzeugt, Faust zu innerer Ruhe führen zu können

Umwandlung des Pakts in eine Wette: keine Erfolgschancen für Mephisto beim Versuch, Faust zur Selbstzufriedenheit zu verführen

→ Einwilligung in die Wette

Erweiterung des Wettinhalts: Erreichen höchster Erfüllung für Faust gleichbedeutend mit Ziel und Ende seiner Existenz

↓

Ergebnis:
Wette zwischen Faust und Mephisto exemplarisch für die Streitfrage zwischen dem Herrn und Mephisto: Hat die menschliche Existenz einen höheren Sinn? => Anbindung an Rahmenwette aus dem „Prolog im Himmel"

Knecht Mephistos oder „wessen" (V. 1711) auch immer – die Botschaft dieses egalisierenden Zusatzes ist eindeutig: Ein Mensch, der nicht über seine Grenzen hinaus strebt, bleibt ohnehin stets der Knecht der materiellen Existenz und widerspricht der Schöpfungsidee des Herrn (vgl. „Prolog im Himmel").

Motivation der Weltfahrt

Mephisto verlangt von Faust, mit seinem Blut zu unterschreiben (vgl. V. 1740), und unterstreicht damit den existenziellen Charakter der Wette. Dieser ist für Faust ohnehin klar, er verspricht dem Teufel ja nichts anderes als das seiner inneren Natur entspringende „Streben [s]einer ganzen Kraft" (V. 1742). Weil ihm Magie (vgl. V. 1745f.) und Wissenschaft (vgl. V. 1748f.) eine höhere Erfüllung versagt haben, richtet er sein Streben jetzt darauf, die sinnlichen Grenzen der menschlichen Existenz auszuloten (vgl. V. 1750f.). Die Möglichkeit dazu wird ihm von Mephisto durch die Weltfahrt eröffnet (vgl. V. 1760–1764). Um die Wette nicht zu verlieren, versucht Mephisto gleich von Anfang an, den hochstrebenden Tatendrang seines Wettpartners umgehend zu bremsen. So will er Faust entmutigen, indem er das Erreichen höchster Erfüllung als Gott vorbehalten bezeichnet (vgl. V. 1780f.). Einen Menschen, der dazu fähig wäre, kann seiner Darstellung zufolge nur ein Dichter ersinnen (vgl. V. 1789–1802). In der Wirklichkeit habe der Mensch keine echte Perspektive, sich zu entwickeln (vgl. V. 1806–1809), und ihm bleibe deshalb nur des „Lebens Freude" (V. 1819) übrig, also der niedere Sinnengenuss. Die Absicht hinter dieser Strategie legt Mephisto im Monolog nach Fausts Abgang (vgl. Regieanweisung, S. 61) noch deutlicher dar: Als „Lügengeist" (V. 1854) will er Faust durch die Weltfahrt von seinem Streben ablenken (vgl. V. 1853–1855), ihn auf die „flache Unbedeutenheit" (V. 1861) seiner materiellen Existenz zurückwerfen und auf diese Weise sein inneres Streben scheitern lassen (vgl. V. 1862–1867).

Am Ende der Gelehrtentragödie setzt Goethe einen satirischen Schlusspunkt. Mephisto empfängt, als Faust verkleidet, einen Studienanfänger, der ihn zur Studienberatung aufsucht. Dieser äußert die besten Absichten, sich ein möglichst breites Wissen anzueignen (vgl. V. 1898–1901), ist aber zugleich eingeschüchtert von der beklemmenden Atmosphäre des Studierzimmers (vgl. V. 1881–1887), denn bei aller Beflissenheit strebt er im Grunde vor allem ein angenehmes Leben an (vgl. V. 1905–1907). Mephisto spielt in satirischer Weise mit den Bedürfnissen des Studenten, indem er dessen hochfliegende Erwartungen an ein Studium parodistisch widerlegt. In einem ersten Schritt demontiert Mephisto das an den Universitäten zur Zeit Goethes noch übliche philosophische Vorstudium: Das Fach Logik stellt er als Instrument des geistigen Zwanges (vgl. V. 1912f.) hin, mit dem den Studenten die Kreativität (vgl. V. 1914–1917) und der Blick für das große Ganze (vgl. V. 1936–1941) ausgetrieben würden, die Metaphysik[1] beschuldigt er der inhaltsleeren Paukerei (vgl. V. 1950–1963). Auch den großen Fakultäten spricht Mephisto die echte Erkenntnismöglichkeit ab: Die Rechtswissenschaft beschäftige sich nur mit der formalen Auslegung willkürlicher Gesetze, aber nicht mit der Gerechtigkeit an sich (vgl. V. 1970–1979). In der Theologie bewege man sich immer in der Nähe der Ketzerei (vgl. V. 1985–1987), der man nur durch strenge Wortgläubigkeit entgehen könne (vgl. V. 1988–1992). Auch die Medizin sei letztlich nur Kurpfuscherei, mit der man allenfalls äußerliches Prestige erwerben und seine Chancen bei den Frauen verbessern könne (vgl. V. 2011–2036). Mit dieser satirischen Einlage demonstriert Mephisto am Beispiel des jungen Studenten

Die satirische Funktion der Studentenszene

---

[1] Metaphysik: philosophische Teildisziplin, die sich mit den Grundprinzipien der Wirklichkeit und den elementaren Fragen der menschlichen Existenz beschäftigt

im Kleinen, was er im Großen bei Faust erreichen will: Die Absage an das Streben nach Höherem durch die Verführung zum vordergründigen Lebensgenuss. Folgerichtig erscheint nach dem Abgang des Studenten wiederum Faust auf der Bühne, um an der Seite Mephistos seine Weltfahrt anzutreten (vgl. V. 2051–2072), und zwar in einen Bierkeller und damit in einer Atmosphäre ordinärer Derbheit.

Auerbachs Keller in Leipzig

Funktionen der Szene: Beginn der Weltfahrt und politische Satire

Das Trinkgelage von vier zechenden Studenten markiert den Übertritt der Handlung vom verkopften Gelehrtenmilieu der Studierstube in die Welt der sinnlichen Verlockungen. Faust fühlt sich davon nicht angesprochen (vgl. V. 2296), aber um sein Schicksal geht es hier nur am Rande, denn, abgesehen von ihrer Schwellenfunktion, erfüllt die Szene vor allem die Aufgabe einer zeitgenössischen politischen Satire. Der kritische Bezug zu Goethes Gegenwart wird schon zu Szenenbeginn durch zwei Indizien deutlich: Zum einen spielt die Szene in Auerbachs Keller in Leipzig und damit an einem konkreten Ort, an dem Goethe selbst als Student zu Gast war. Zum anderen wird über das Auseinanderfallen des Heiligen Römischen Reichs spekuliert (vgl. V. 2090–2096) – tatsächlich wurde in der historischen Realität die überholte und politisch und sozial morsche Organisationsform des Deutschen Reichs im Jahre 1806 durch den französischen Eroberer Napoleon endgültig zerschlagen. In der Szene werden zwei Themen satirisch aufgespießt: die überkommenen gesellschaftlichen Machtstrukturen und die durch die Französische Revolution (1789–1799) ausgelöste Freiheitsdebatte.

Kritik an Klerus und Adel

Die feuchtfröhliche Gemeinschaft der Studenten nutzt das Medium des Gesangs mehrfach zum politischen Protest. So kann das Rattenlied (vgl. V. 2126–2149) als derbe Kirchenkritik verstanden werden: Brandner vergleicht die Mönche – der „Doktor Luther" (V. 2129) steht stellvertretend für alle Klosterleute – mit gefräßigen Schädlingen, die von anderer Leute Vorräte leben, und positioniert sich damit ganz im Sinne der Philosophie der Aufklärung, die dem klösterlichen Lebensstil jeglichen gesellschaftlichen Nutzen absprach. Auch Mephisto steuert ein Spottlied bei – sogar ein winziger Floh kann am Hof eine beachtliche Karriere machen, wenn er nur die Unterstützung des Herrschers genießt (vgl. V. 2207–2240) – und nimmt damit die Hofschranzen an den absolutistischen Fürstenhöfen aufs Korn. Exemplarisch spielt er dabei auf Spanien an (vgl. V. 2205), zur damaligen Zeit Inbegriff eines vom Adel korrumpierten Staatswesens. Der erste Teil der Szene steht somit ganz im Zeichen der Kritik an den privilegierten Ständen.

Den zweiten Teil der Szene bildet eine metaphorische Auseinandersetzung mit dem Wesen der politischen Freiheit. Als der Begriff als Trinkspruch fällt (vgl. V. 2244), nutzt Mephisto das Stichwort zu einer praktischen Demonstration seines Menschenbildes. In einer klamaukhaften Inszenierung zaubert Mephisto den Studenten aus dem Nichts jede von ihnen gewünschte Art von Wein. Mit Bezug auf den ersten Szenenteil lässt sich dieses Geschehen ebenfalls politisch deuten: Wurde vorher die Vormachtstellung von Adel und Klerus kritisiert, ist nun offenbar genug Wohlstand für alle da, auch für die Studenten. Der Zustand bürgerlicher Freiheit scheint erreicht: „Das Volk ist frei" (vgl. V. 2295). Aber Mephisto will mit seiner Zauberei eigentlich die tierische Veranlagung, die „Bestialität" (V. 2297), der Menschheit zeigen: Die Menschen seien mit zu großer Freiheit überfordert. Tatsächlich reagieren die Studenten auf das Weinwunder mit Maßlosigkeit (vgl. Regieanweisung, S. 76). Gegenüber der Drohung Mephistos mit dem Fegefeuer (vgl. V. 2301) fehlt ihnen die Einsicht. Ihre Aggressivität richtet sich gegen ihren Wohltäter, auf den sie mit Messern losgehen (vgl. Regieanweisung, S. 76). In grotesker Umkehrung des Freiheitsbegriffs wird Mephisto so-

Kritik an Freiheit ohne Maß

gar für „vogelfrei" (V. 2313), also für schutzlos, erklärt. Der Teufel entzieht sich und seinen Begleiter Faust der Situation, indem er mit einem Zauber Verwirrung stiftet (vgl. V. 2313–2315). Die zurückbleibenden Studenten erklären sich das Erlebte als „Lug und Schein" (V. 2332). Damit wollte Goethe wohl vor allem eine allgemeingültige Allegorie auf die Grenzen gesellschaftlicher Freiheit gestalten. Aber auch der zeitgeschichtliche Bezug auf die Französische Revolution, insbesondere auf die Pervertierung des Freiheitsideals durch das Terrorregime der Jakobiner[1], liegt nahe, zumal auf Frankreich konkret angespielt wird (vgl. V. 2272). Zwar war die Szene um das Jahr 1788 schon weitestgehend fertiggestellt, aber Goethe hat sie, offenbar als treffenden Kommentar zur Französischen Revolution, unverändert in die Fassung von 1808 übernommen.

Hexenküche

Hexenküche als Gegenwelt zur Vernunft

Mephisto setzt die Weltfahrt mit Faust in der Hexenküche und damit in einer Sphäre des Aberglaubens fort. Die sich in der Hexenküche manifestierende Absage an Vernunft und Rationalität wurde in mehreren Etappen vorbereitet: Fausts Gelehrtenstube symbolisierte noch einen Ort des konzentrierten Nachdenkens. Auch Auerbachs Keller ist zwar noch im Umfeld der Universität, der Heimat der Wissenschaft, angesiedelt, die Protagonisten aber sind Studenten, die sich ihren Verstand mit Alkohol benebeln. Mit dem unsinnigen Treiben und bunten Durcheinander in der Hexenküche schließlich hat die Unvernunft die Oberhand gewonnen. Faust erlebt die Atmosphäre geradezu als „Wust von Raserei" (V. 2339), und nicht nur er (vgl. V. 2456), sondern auch Mephisto (vgl. V. 2457) und die Hexe (vgl. V. 2503) sehen sich zumindest für

---

[1] Jakobiner: politische Gruppierung unter Führung von Maximilien de Robespierre (1758–1794), die zwischen 1793 und 1794 eine brutale Gewaltherrschaft errichtete und zahlreiche Gegner der Revolution hinrichtete

Momente am Rande des Verstandesverlusts. Dieser Niederlage von Klarheit und Geist entspricht die fortschreitende Aufhebung der Grenzen zwischen Mensch und Tier: Denken und handeln die Personen in der Gelehrtenstube noch wie Menschen, verhalten sich die Feiernden in Auerbachs Keller zunehmend wie Tiere. Die in der Hexenküche auftretenden Affen – die Meerkatzenfamilie – wiederum handeln und sprechen wie Menschen.

Fausts Weltfahrt in die Sphäre der Unvernunft

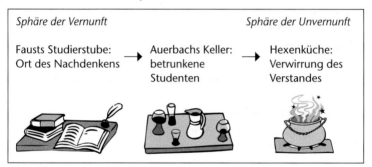

Verwirrung und Durcheinander prägen auch die Struktur der Szene, da gleich mehrere Handlungsstränge gleichzeitig und nebeneinander her ablaufen. Im Folgenden liegt der Fokus auf drei wesentlichen Elementen: Erstens wird Faust mithilfe von Hexenkräften verjüngt und mit dem Urbild einer begehrenswerten Frau konfrontiert. Damit markiert die Szene den vollzogenen Übergang vom ersten Teil des Stücks, der Gelehrtentragödie, in den zweiten Teil, der Gretchentragödie. Zweitens wird die politische Satire der Szene „Auerbachs Keller" weitergeführt, und zwar in Form eines allegorischen[1] Spiels über das Königtum, das von Mephisto und den Affen in der Hexenküche inszeniert wird. Als dritter Aspekt er-

Durcheinander auch auf der Handlungsebene

---

[1] Allegorie: Sinnbild

schließt sich im Dialog zwischen Mephisto und der Hexe das Selbstverständnis Mephistos als moderner Teufelsfigur.

Satire auf das Wesen des Königtums

Die Affen beginnen ein Spiel mit einer Kugel, die symbolisch für die Welt und für die Wechselfälle des Schicksals stehen soll (vgl. V. 2401–2404). Es drohen sogar Tod und Zerstörung (vgl. V. 2413–2415). Mephisto steigt in das Spiel ein, indem er sich scheinbar arglos nach dem Sinn verschiedener Gegenstände des Hexenhaushalts erkundigt (vgl. V. 2416, 2422). Als Unwissender eignet er sich offenbar hervorragend als König, denn die Affen führen mit ihm sogleich eine Parodie auf eine Krönungszeremonie durch. Mephisto erhält einen Putzwedel (vgl. V. 2427), der ein Zepter darstellen soll, und wird genötigt, in einem als Thron dienenden Sessel Platz zu nehmen (vgl. V. 2428). Der so Verspottete fällt keineswegs aus der Rolle und verlangt sogar nach einer Krone (vgl. V. 2449). Die Tiere mimen dabei die Untertanen, die ihm eine Krone reichen wollen, zerbrechen diese aber durch Unachtsamkeit (vgl. V. 2450–2453). Die politische Aussage ist eindeutig: Eine auf die schwankende Zustimmung des Volks angewiesene Königsherrschaft trägt den Keim der Zerstörung in sich. Dies wird unterstrichen durch die Reaktion Mephistos, dem „fast selbst der Kopf zu schwanken" (V. 2457) beginnt – auf einem schwankenden Kopf hat eine Krone keinen dauerhaften Halt, die Monarchie steckt in einer schweren Krise. Erst als der „König" Mephisto mit einem gewaltsamen Einsatz seines Zepters seine Macht demonstriert (vgl. Regieanweisung, S. 83), gewinnt er seine Autorität wieder: Die inzwischen heimgekehrte Hexe erkennt ihn als ihren „Herrn und Meister" (V. 2482).

Mephisto als moderner Teufel

Die Hexe vermag Mephisto zunächst nicht zu erkennen, weil sie die traditionellen Teufelsattribute wie zum Beispiel den Pferdefuß vermisst (vgl. V. 2490f.). Tatsächlich distanziert sich Mephisto von der mythologischen Überlieferung (vgl. V. 2497) und auch die Bezeichnung als „Satan"

(V. 2504) lehnt er ab. Aber trotz dieser äußerlichen Modernisierung bleibt er der Teufel: In einer obszönen Geste (vgl. Regieanweisung, S. 84) bringt er sein Wesen als zynischer Verneiner und Kritiker der göttlichen Schöpfung drastisch zum Ausdruck. Somit hat sich der Teufel, ganz im Sinne der Aufklärungsphilosophie, aus der vom Aberglauben geprägten Teufelsrolle emanzipiert, aber er ist deswegen als Phänomen keineswegs verschwunden, sondern für seine Umwelt nur schwerer als Teufel auszumachen.

Der Besuch in der Hexenküche bereitet die Gretchentragödie in zweierlei Hinsicht vor: Einerseits wird Faust mit einem magischen Trank um dreißig Jahre verjüngt (vgl. V. 2341 f.) und so körperlich auf die Rolle des Verführers vorbereitet. Andererseits fokussiert sich von nun an das innere Streben Fausts auf ein neues Ziel: In einem Zauberspiegel erblickt er „[d]as schönste Bild von einem Weibe" (V. 2436), das ihn augenblicklich in den Bann schlägt. Er meint den Anspruch auf höchste sinnliche Erfüllung, den er in der Wette mit Mephisto formuliert hat, erfüllt zu finden: „Muss ich an diesem hingestreckten Leibe/Den Inbegriff von allen Himmeln sehn?/So etwas findet sich auf Erden?" (V. 2438–2440) Allerdings bleibt die Darstellung unscharf (vgl. V. 2434 f.) – es handelt sich also offenbar um ein nicht konkret fassbares Idealbild der Weiblichkeit. Und da ein Spiegel das wiedergibt, was davor steht, dürfte das Bild in diesem Falle vor allem die inneren Sehnsüchte und Idealvorstellungen Fausts reflektieren. Damit tritt er in eine neue Phase seiner Charakterentfaltung: Strebte Faust bislang als Gelehrter nach der Einsicht in die höchsten Geheimnisse, sucht er von nun an die vollkommene Erfüllung in der Erfahrung absoluter Liebe.

Vorbereitung der Gretchentragödie: Fausts Verjüngung und seine Sehnsucht nach vollkommener Liebe

Mephisto reagiert auf die Spiegelschau ganz im Sinne seines Wettziels: Mit seinem Versprechen, Faust „so ein Schätzchen auszuspüren" (V. 2445), versucht er, das umfassende Streben seines Wettgegners auf die Ebene sexuellen Verlangens zu reduzieren. Dieser den weiteren Handlungsverlauf

Die Konkretisierung der Wette für die Gretchentragödie

Faust wird in der Hexenküche auf künftige Liebesabenteuer vorbereitet, Wiener Burgtheater 2009

bestimmende Konflikt tritt besonders deutlich zutage, nachdem Faust den Verjüngungstrank zu sich genommen hat (vgl. Regieanweisung, S. 86). Während sich Faust durch einen Blick in den Spiegel nochmals das Ziel seines Strebens vergegenwärtigen will, drängt Mephisto zum Aufbruch. Er will die Sehnsucht seines Gegenübers möglichst rasch auf menschliche Frauen umlenken und Faust durch sexuelle Verführungen zum „edlen Müßiggang" (V. 2596) bewegen – wodurch Mephisto seine Wette gewinnen würde. Damit konkretisiert sich für die folgende Gretchentragödie der Inhalt der Wette: Findet Faust höchste Erfüllung in der Liebe oder erlebt er Gretchen nur als Objekt sexueller Gier?

Straße

Erste Begegnung zwischen Faust und Gretchen

Die Hexenküche hat den vormals zurückhaltenden und eigenbrötlerischen Gelehrten Faust tatsächlich gewandelt: Als er auf der Straße zufällig dem jungen Gretchen begegnet, will er die Gelegenheit sofort nutzen. Forsch spricht er das Mädchen mit der schmeichelnden Anrede „Fräulein"

(V. 2605) an und hängt sich sogar bei ihm ein. Doch die „plumpe Anmache" scheitert, Gretchen entzieht sich seinem Griff und entfernt sich. Nachhaltig beeindruckt von der sinnlichen Ausstrahlung Gretchens (vgl. V. 2613), will sich Faust nun der Hilfe des Teufels bedienen, um das Mädchen doch noch für sich zu gewinnen. Er setzt deshalb Mephisto unter Druck (vgl. V. 2619) und stellt ihm sogar ein Ultimatum (vgl. V. 2636–2638). Dabei zeigt sich Faust von seinen eigenen Verführungskünsten überzeugt (vgl. V. 2642–2644) – ein weiterer Hinweis auf die Wirkung des Hexentranks. Mephisto jedoch muss den Ungeduldigen zügeln. Über ein „unschuldig Ding" (V. 2624) wie Gretchen, das regelmäßig zur Beichte geht, um von ihren Sünden losgesprochen zu werden, hat der Teufel keine unmittelbare Macht (vgl. V. 2626). Um Faust und Gretchen dennoch zusammenzubringen und damit sein eigenes Ziel, den Gewinn der Wette, voranzutreiben, erscheint ihm ein bedachteres Vorgehen angezeigt. Zunächst erklärt er sich bereit, einen Besuch Fausts im leeren Zimmer Gretchens zu organisieren und ein wertvolles Geschenk herbeizuschaffen, das Faust im Zimmer von Gretchen deponieren kann (vgl. V. 2674–2677).

Abend

Die Raumbeschreibung bestätigt zunächst das in der Vorszene vermittelte Bild von Gretchens Persönlichkeit: Ihr *„kleines reinliches Zimmer"* (Regieanweisung, S. 89) spiegelt ihre innere Unschuld wider. Ihr Monolog jedoch lässt durchaus Zweifel an der moralischen Entschiedenheit aufkommen, mit der sie Fausts Kontaktversuch zurückgewiesen hatte: Die Begegnung hat auf sie offenbar doch einen nachhaltigen Eindruck hinterlassen. Als sie ihre Zöpfe aufbindet – und damit symbolisch ihre Rolle der sittenstrengen Jungfrau auflöst, der sie tagsüber zu entsprechen versucht –, beschäftigt sie sich mit der Identität des geheimnisvollen Verehrers, von dem sie eine gehobene soziale Herkunft annimmt (vgl. V. 2678–2683).

Gretchen von Faust beeindruckt

Fausts Liebesmonolog ...

Nachdem Gretchen gegangen ist, können Mephisto und Faust das Zimmer heimlich betreten. Der Teufel, der Gretchens Unschuld richtiggehend wittert (vgl. Regieanweisung, S. 90), lässt seinen Gefährten für einige Augenblicke mit seinen Gedanken allein. Dieser bringt zunächst in einem überschwänglichen Gefühlsmonolog zum Ausdruck, dass Gretchen für ihn viel mehr als ein sexuelles Abenteuer bedeute. Ihr Schlafraum ist für ihn ein „Heiligtum" (V. 2688), das gerade in seiner äußeren Bescheidenheit für das steht, wonach sich Faust in seinem Innersten sehnt: „Ordnung" und „Zufriedenheit" (V. 2692). Faust, der die Enge seines Studierzimmers als „Kerker" (V. 398) erlebt hat, bekommt eine Ahnung davon, dass seine Entgrenzungsversuche möglicherweise der falsche Weg zu einem erfüllten Dasein waren, denn Gretchen findet ihre Zufriedenheit offenbar in sich selbst: „In diesem Kerker welche Seligkeit!" (V. 2694) Für einen Moment scheint Faust am Ziel seines Strebens zu sein, er *„wirft sich auf den ledernen Sessel am Bette"* (Regieanweisung, S. 90). In dieser Situation erlebt er eine geradezu enthusiastische Sehnsucht nach Gretchen, die er in starken religiösen Bildern ausdrückt: Er bezeichnet sie als „eingebornen Engel" (V. 2712) und als „Götterbild" (V. 2716), gegenüber dem er seine eigene Existenz als armselig empfindet (vgl. V. 2720). Überwältigt vom Gefühl der Liebe zu Gretchen hat seine vorher so selbstbewusst erscheinende Persönlichkeit keinen Bestand (vgl. V. 2725–2758). In dieser Schwärmerei steckt jedoch auch eine große Gefahr für Gretchen, die mit der ihm von Faust zugedachten Rolle zwangsläufig überfordert sein muss. Am Ende seines Gefühlsausbruchs wird auch Faust nachdenklich: Er erkennt, dass er letztlich ein Opfer seiner Triebe geworden ist und sein Verhalten mit dem Anspruch auf Genuss (vgl. V. 1766) nichts zu tun hat: „Mich drang's, so grade zu genießen/Und fühle mich im Liebestraum zerfließen!" (V. 2722f.) Für einen kurzen Augenblick glaubte er sich am

Ziel seines Strebens, nämlich die Fülle menschlicher Erfahrungsmöglichkeit zu erleben – Liebe und Schmerz, Enge und Weite, Armut und Fülle –, in Wirklichkeit ist er nur seinen vordergründigen Trieben gefolgt. Aus dieser Einsicht zieht er eine eindeutige Konsequenz: „Fort! Fort! Ich kehre nimmermehr!" (V. 2730) Allerdings hindert ihn das Einschreiten Mephistos an der Durchführung des Fluchtplans.

Die Lebenskonzepte Fausts und Gretchens

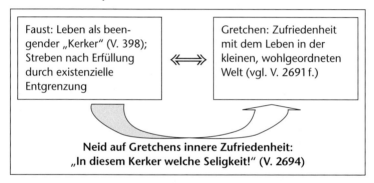

Mephisto sieht Gretchen sich nähern und drängt zum Aufbruch. Vorher will er Faust noch das von ihm verlangte Geschenk übergeben, mit dem er Gretchen verführen soll. Dabei lässt er keinen Zweifel daran, dass der Schmuck zu ihrer Eroberung dient. Diese sexuelle Motivation wiederum lässt Faust, der seine tieferen Gefühle erkannt hat, zögern (vgl. V. 2738). Deshalb muss Mephisto den Schatz selbst im Schrank deponieren, natürlich in der Absicht, den Kontakt zwischen Faust und Gretchen in seinem Sinne voranzutreiben: Mit seiner Wortwahl – „Lüsternheit" (V. 2740) – zeigt er deutlich, dass Faust in Gretchen nur ein Objekt seines egoistischen sexuellen Verlangens sehen soll. Ein höheres zwischenmenschliches Gefühl wie die Liebe hat in seinem Weltbild keinen Platz.

... und Mephistos Versuch der Entzauberung

52 Inhalt, Aufbau und erste Deutungsansätze

Gretchens Bild von der Liebe

Gretchen nimmt bei ihrer Rückkehr intuitiv die Spuren der teuflischen Anwesenheit wahr (vgl. V. 2753–2758). Um sich Mut zu machen, singt sie beim Auskleiden ein Lied. Das Lied „König von Thule" (vgl. V. 2759–2782) handelt von einem König, der von seiner Geliebten bei ihrem Tod einen Trinkbecher erhält. Er hält den Becher in höchsten Ehren und gibt ihn nicht einmal an seinem eigenen Lebensende aus der Hand, sondern versenkt ihn im Meer. Der Becher stellt für ihn also kein materielles Besitztum dar, sondern ein Symbol unverbrüchlicher Treue zu seiner Geliebten über ihren Tod hinaus. Das Lied kommt Gretchen nicht ohne Grund in den Sinn: Die Begegnung mit Faust hat in ihr selbst eine intensive Beschäftigung mit dem Thema Liebe ausgelöst. Das Lied hilft ihr, sich über ihre persönlichen Erwartungen an eine von Liebe und Treue getragene Beziehung klar zu werden.

Wirkung des Schmucks auf Gretchen

Die Entdeckung des von Mephisto platzierten Schmuckkästchens wiederum verstärkt die innere Unruhe Gretchens. Da sie sich dessen Herkunft nicht erklären kann, entschließt sie sich, das Objekt mithilfe eines beiliegenden Schlüssels zu öffnen (vgl. V. 2788). In dieser äußeren Handlung spiegelt sich auch ein seelischer Prozess: Gretchen lässt sich ungeachtet des gesellschaftlichen Anstands zunehmend auf ihre inneren Wünsche ein. Das Anprobieren des Schmucks zeigt den Traum des einfachen Mädchens von gesellschaftlicher Anerkennung und vom sozialen Aufstieg (vgl. V. 2796f.) und knüpft damit an Gretchens Spekulationen über Fausts soziale Einordnung zu Szenenbeginn an. Doch als selbstgenügsamer Mensch macht sie sich keine großen Illusionen. Ihr ist klar, dass in der Gesellschaft individuelle Attribute wie ihre jugendliche, äußere und innere Schönheit letztlich nichts zählen (vgl. V. 2798f.), sondern vor allem der materielle Besitz über den sozialen Stand entscheidet (vgl. V. 2800–2804).

Spaziergang

Mephisto macht seinem Ärger gegenüber Faust Luft: Gretchens Mutter hat, die dunkle Herkunft des Schatzkästchens ahnend (vgl. V. 2815–2822) und sehr zum Unwillen ihrer Tochter (vgl. V. 2827f.), den Schmuck einem Priester übergeben, der ihn, folgt man der Darstellung Mephistos, ohne Skrupel einkassiert hat (vgl. V. 2843–2848). Faust jedoch ist nur am Schicksal Gretchens interessiert (vgl. V. 2849). Vom Teufel erfährt er, dass sie sich in einem Zustand großer innerer Unruhe befindet, weil sie sich auf die Herkunft und die Botschaft des Kästchens keinen Reim machen kann (vgl. V. 2849–2852). Von dieser Mitteilung gerührt, trägt Faust seinem Begleiter auf, seiner Angebeteten einen noch wertvolleren Schmuck zu beschaffen (vgl. V. 2860). Insgesamt hat die Szene im Wesentlichen zwei Funktionen: Sie dient als komödienhaftes Zwischenspiel – Mephisto macht als betrogener Teufel eine lächerliche Figur – und hält außerdem die Handlung in Schwung: Faust beharrt darauf, Gretchen zu erobern.

Der betrogene Teufel

Der Nachbarin Haus

Marthe Schwerdtlein, die Nachbarin Gretchens, wird als nüchterne Trauernde eingeführt. Ihr Liebesbekenntnis zu ihrem vermissten Mann (vgl. V. 2864–2871) mündet in die Klage um den fehlenden Totenschein (vgl. V. 2872), mit dem ihr eine erneute Heirat möglich wäre. Als Gretchen erscheint und ihr vom Fund eines zweiten geheimnisvollen Schatzkästchens (vgl. V. 2874–2878) berichtet, teilt sie mit der Nachbarstochter die Freude an den schönen Schmuckstücken und bietet ihr sogar an, in ihrem Hause das Geschmeide heimlich tragen zu können (vgl. V. 2885–2891). Durch diese Komplizenschaft eröffnet sie Gretchen eine Möglichkeit, sich der engen mütterlichen Aufsicht zu entziehen (vgl. V. 2892), und fördert so ihrerseits die Annäherung zwischen Gretchen und Faust.

Marthe als Gretchens Komplizin

Mephistos Spiel mit Marthe

Bei seinem Erscheinen gibt sich Mephisto ausnehmend höflich und zurückhaltend und sichert sich damit das Wohlwollen der beiden Frauen. Außerdem gelingt es ihm, das lebhafte Interesse Marthes zu wecken, weil er ihren wunden Punkt ausnutzt: Er gibt sich als Bote aus, der die von Marthe lang ersehnte Nachricht vom Verbleib ihres Mannes überbringt. Diese Lüge nimmt er als Ausgangspunkt für eine höchst manipulative Gesprächsführung, mit der er sich das Vertrauen Marthes erschleicht. Zunächst eröffnet er ihr, dass ihr angeblich verstorbener Gatte kein Erbe (vgl. V. 2932) hinterlassen habe. Darüber hinaus untergräbt er die moralische Verpflichtung Marthes gegenüber ihrem Mann: Er stellt ihren Gatten als undankbar hin (vgl. V. 2960) und nährt ihre Eifersucht, indem er ihm eine Affäre mit einer anderen Frau andichtet (vgl. V. 2981–2984). Marthes Ärger über die fehlende Treue und das nicht vorhandene Erbe (vgl. V. 2985–2987) nutzt Mephisto für ein gespieltes Heiratsangebot (vgl. V. 3001–3002), das Marthe sichtlich schmeichelt (vgl. V. 3003). Am Ende der Begegnung vereinbart man eine Doppelverabredung, zu der nicht nur Faust, als angeblicher zweiter Zeuge für das Ableben des Ehemannes, hinzukommen soll, sondern auch Gretchen (vgl. V. 3018–3021). Damit hat Mephisto sein Ziel erreicht: Er hat Marthe so weit instrumentalisiert, dass es zu einem Rendezvous zwischen Faust und Gretchen in der Verborgenheit von Marthes Garten kommen kann.

Straße

Faust fügt sich in Mephistos Plan

Mephisto berichtet dem schon ungeduldig wartenden Faust von der arrangierten Begegnung mit Marthe und Gretchen. Faust weigert sich zunächst, wahrheitswidrig den Tod von Marthes Mann zu bezeugen (vgl. V. 3039). Mephisto wiederum kontert diese moralischen Skrupel, indem er sein Gegenüber schonungslos mit dessen existenziellem Grundproblem, seiner Unfähigkeit zu echter Erkenntnis, konfrontiert: Auch der Gelehrte Faust habe im Brustton der Überzeugung wissenschaftliche Theorien entwickelt, ohne wirklich Bescheid zu wissen (vgl. V. 3040–3049). Ebenso wertet Mephisto die bevorstehende Liebeserklärung Fausts an Gretchen als Lüge (vgl. 3051–3054) – höhere, idealistische Gefühle beruhen für ihn ohnehin auf einer Selbsttäuschung. Faust wehrt sich dagegen und bekräftigt die Lauterkeit seiner Zuneigung (vgl. V. 3059–3066). Aber er weiß auch, dass er sich trotz allem auf das anberaumte Treffen einlassen muss, um das Herz Gretchens zu erobern (vgl. V. 3072).

Garten

Inhaltlich knüpft die Szene an die vorangegangene Auseinandersetzung zwischen Faust und Mephisto über das Wesen der Liebe an. Allerdings entfalten sich die jeweiligen Positionen jetzt nicht mehr im direkten Dialog der beiden Protagonisten, sondern in simultan ablaufenden Gesprächen zwischen Faust und Gretchen einerseits und zwischen Mephisto und Marthe andererseits, kunstvoll gestaltet in den insgesamt sechs sich abwechselnden Auftritten der beiden Pärchen. Dabei übersteigt der Versanteil des Paares Faust/Gretchen den Anteil des anderen Paares um rund das Dreifache – die sich zwischen beiden entwickelnde Beziehung bildet damit den Schwerpunkt der Szene.

Thema und Komposition der Szene

Struktur und dialogische Gewichtung der Szene „Garten"

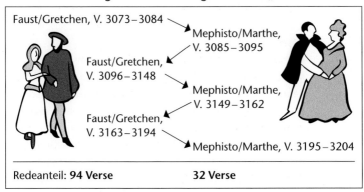

Faust/Gretchen, V. 3073–3084
Mephisto/Marthe, V. 3085–3095
Faust/Gretchen, V. 3096–3148
Mephisto/Marthe, V. 3149–3162
Faust/Gretchen, V. 3163–3194
Mephisto/Marthe, V. 3195–3204

Redeanteil: **94 Verse**   **32 Verse**

Gesprächsverhalten von Faust und Gretchen

Gretchens Dialogverhalten ist einerseits von dem Argwohn bestimmt, dass ihr Verehrer ihr gegenüber nicht ehrlich und nur auf ein erotisches Abenteuer aus sein könnte. Andererseits kann sie selbst, ihrem unschuldigen Wesen entsprechend, nicht anders, als offenherzig zu kommunizieren, und gibt deshalb viel von sich selbst preis. So erfahren die Zuschauer, dass sich Gretchens bescheidener Lebensstil aus innerer Haltung und nicht aus Armut erklärt – ihre Familie besitzt ein ansehnliches Erbe (vgl. V. 3117). Darüber hinaus hat Gretchen ihre Schwester anstelle der erkrankten Mutter voller Liebe und Hingabe großgezogen (vgl. V. 3132–3134).

Gretchen ist die Kontrastfigur zu Faust

In ihrer Bescheidenheit und Selbstlosigkeit ist sie die Kontrastfigur zum selbstbezogenen und Grenzen überschreitenden Wissenschaftler Faust. Dieser existenzielle Kontrast verunsichert Gretchen: Sie weiß nicht, was sie als ungebildetes Mädchen dem großen Gelehrten eigentlich bieten kann (vgl. V. 3078, 3098–3099). Faust wiederum sucht in seiner Liebe zu Gretchen gerade nicht intellektuelle Erkenntnis, von der er sich längst abgewandt hat, sondern die

Die zwei Pärchen im Garten Marthe Schwerdtleins, Inszenierung Apollo-Theater Siegen 2008

höchste Erfüllung in der Liebe (vgl. V. 3079f.). In Gretchen eröffnet sich ihm eine ihm unbekannte Welt: Er verehrt ihre Unschuld und Bescheidenheit als höchste Werte (vgl. V. 3102–3105) und sieht in ihrer Rolle als liebende Ersatzmutter das „reinste Glück" (V. 3136) verwirklicht.

Der Gesprächsverlauf macht deutlich, dass beide Figuren den Weg zueinander suchen. Faust gibt sein Begehren schließlich deutlich zu erkennen: Er spricht Gretchen als „kleiner Engel" (vgl. V. 3163) und als „[s]üß Liebchen" (vgl. V. 3179) an. Gretchen wiederum bringt ihr inneres Schwanken durch ein Blumenritual zum Ausdruck. Das Abzählen der Blätter nimmt sie als – ihr sicherlich willkommenes – Zeichen. Faust scheint es ernst mit ihr zu meinen, worauf Gretchen sehr erleichtert reagiert (vgl. Regieanweisung, S. 106). Doch das Blütenspiel dient nicht nur als Schicksalsentscheid, es symbolisiert in der gepflückten Blume gleichzeitig den Verlust der Unschuld Gretchens und deutet auf ihre sexuelle Vereinigung mit Faust voraus. Faust wiederum macht ihr jetzt offen eine Liebeserklärung (vgl. V. 3185f.) und baut einen ersten Körperkontakt auf (vgl. Regieanweisung, S. 106). In der Liebe zu Gretchen erwartet er die Erfahrung völliger Hingabe und grenzenloser Erfüllung (vgl. V. 3191–3194) – das Schlüsselwort „ewig" (V. 3192, 3193) macht deutlich, dass die Liebe zu Gretchen für ihn eine existenzielle Dimension besitzt. Gretchen drückt ihm die Hände und läuft weg, Faust überlegt kurz und trifft dann die Entscheidung, ihr zu folgen.

Annäherung zwischen Faust und Gretchen

Während es zwischen Faust und Gretchen um große Gefühle und menschliche Grundfragen geht, verhandeln Mephisto und Marthe ihre Zweisamkeit unter materiellen Aspekten. Auffällig ist zunächst, dass die Geschlechterrollen anders verteilt sind. Während Faust als Mann sich offensiv um das zögernde Gretchen bemüht, ist es im Falle des anderen Paares die Frau, die die Initiative übernimmt: Marthe wirbt gleich zu Gesprächsbeginn ganz offen um eine Eheschließung mit dem fremden Gast (vgl. V. 3091–3093).

Gesprächsverhalten von Mephisto und Marthe

Anders als Gretchen hat sie ein nüchternes Bild der Ehe, die als Zweiergemeinschaft der sozialen Absicherung dienen soll. Mephisto dagegen verhält sich diesem Angebot gegenüber uneindeutig, er legt sich nicht fest, sondern spielt mit den Hoffnungen der alternden Witwe (vgl. V. 3151–3152). Marthe durchschaut seine Strategie nicht. In ihrer Ratlosigkeit wirft sie ihm schließlich vor, ihre deutlichen Signale einfach nicht zu verstehen (vgl. V. 3161). Man beendet das intime Beisammensein schließlich, um nicht ins Gerede der Nachbarn zu kommen (vgl. V. 3198–3201). Gleichzeitig freuen sich beide über den Erfolg ihrer Kuppelei und die Annäherung zwischen Faust und Gretchen (vgl. V. 3202–3204).

Ein Gartenhäuschen

Moment spielerischer Verliebtheit

In der Geborgenheit des Gartenhäuschens können Faust und Gretchen für einen kurzen Augenblick in spielerischer Verliebtheit ihre Gefühle füreinander offenbaren (vgl. V. 3204–3206). Dies bleibt der einzige Moment unbe-

Gretchen geht Faust ins Netz, Inszenierung des Therapie-Theaters Reinfeld 2012

schwerter Liebe im ganzen Drama – schon stört Mephisto das intime Miteinander. Er drängt mit Verweis auf die fortgeschrittene Zeit auf Abschied (vgl. V. 3208). Die hinzutretende Marthe bestätigt die späte Stunde – dem Kupplerpaar liegt sichtlich wenig an einem zu intimen ersten Beisammensein der beiden Verliebten, offenbar im Kalkül, dass eine Trennung das wechselseitige Begehren noch weiter steigern dürfte. Gretchen bleibt zurück und wirft sich vor, von Fausts Enthusiasmus mitgerissen worden zu sein (vgl. V. 3213f.). Nach wie vor ist sie völlig im Ungewissen über Fausts Interesse an ihr (vgl. V. 3216).

Wald und Höhle

Den ersten Teil der Szene bildet ein Monolog Fausts, in dem dieser sich seine Situation bewusst macht. Dazu hat er sich aus der Stadt, fern von Gretchen, symbolisch in die Einsamkeit einer Waldhöhle zurückgezogen. Seine Reflexion, formuliert im würdig-ernsten Blankvers, setzt mit einer Ansprache an den „[e]rhabne[n] Geist" (V. 3217) ein – unter diesem versteht er offensichtlich den Inbegriff der göttlichen Welt, der sich ihm im Studierzimmer in Gestalt des Erdgeists (vgl. V. 460–517) offenbart hat. Dieser Begegnung schreibt der Kopfmensch Faust seine ersten unmittelbaren Naturerfahrungen zu: „Gabst mir die herrliche Natur zum Königreich,/Kraft, sie zu fühlen, zu genießen." (V. 3220f.) – hier taucht also ein weiteres Mal der Schlüsselbegriff des „Genießens" auf. Neben der Befreiung aus der Enge des Büchergefängnisses dankt Faust dem höchsten Geist außerdem für die Ermöglichung der Selbsterkenntnis. Das intensive Naturerlebnis eines Sturms hat ihn in die Höhle getrieben, wo sich seiner „eignen Brust/Geheime tiefe Wunder öffnen" (V. 3233f.). In der mystischen Begegnung mit Vertretern früherer Generationen des Menschengeschlechts findet der von seinen philosophischen Erörterungen geplagte Faust Trost (vgl. V. 3235–3239), denn er

Fausts Reflexionsmonolog

erkennt, dass dem Menschsein von vornherein „nichts Vollkommnes" (V. 3240) zuteilwerden kann. Den immerwährenden Zwiespalt des Menschen zwischen dem Streben nach höchster Erfüllung und den materiellen Beschränktheiten verkörpert Mephisto: Dieser arbeitet als Vertreter des „Nichts" (V. 3245) gegen die existenzielle Vollendung, indem er in Faust das sexuelle Begehren weckt und ihn damit zu einem Getriebenen seiner leiblichen Begierden macht (vgl. V. 3244–3250). Faust wiederum ist genau das in seinem Monolog in Gretchens Stube bewusst geworden (vgl. S. 49–51).

Mephisto macht Faust ein schlechtes Gewissen

Mephisto tritt auf und provoziert Faust. Sein Herumsitzen in der Höhle sei ein Rückfall in seine dumpfen Gelehrtenzeiten, von denen er ihn doch schon längst bekehrt habe (vgl. V. 3266–3276). Fausts Versuche, sich dem Göttlichen zu nähern, wertet er als bloße Illusion ab (vgl. V. 3281–3292), was er zusätzlich mit einer obszönen Geste unterstreicht. Stattdessen will er die Sehnsucht Fausts nach Gretchen anstacheln – es geht ihm ja um den Gewinn seiner Wette – und setzt deshalb mit einer beeindruckenden Aneinanderreihung von Sprachbildern ein regelrechtes Kopfkino in Gang: Zunächst wirft er Faust vor, seine Liebe sei von einer Flut zu einem seichten Bach geworden (vgl. V. 3307–3310). Anstatt lächerlicherweise im Wald zu thronen, sei er Gretchen für ihre Liebe etwas schuldig (vgl. V. 3311–3314). In einem weiteren Schritt schildert er Gretchen als mitleiderregendes Opfer der faustschen Selbstbezogenheit: Einsam am Fenster, eingesperrt hinter Stadtmauern träume sie, als Vogel in die Wolken und damit in die Freiheit zu entkommen (vgl. V. 3316–3319). Die Liebe zu Faust bestimme angeblich ihr ganzes Bewusstsein (vgl. V. 3323).

Faust betäubt seine moralischen Skrupel

Faust wehrt sich gegen diese Manipulation (vgl. V. 3326–3329), aber sie zeigt offenbar Wirkung: Der aufgewühlte Faust – vom gesetzten Blankvers in den unruhigen Madrigalvers wechselnd – erlebt erneut in voller

Wucht eine unstillbare Sehnsucht nach Gretchen (vgl. V. 3332–3335) und entfaltet ein tiefes Verständnis seiner moralischen Situation: Er bezeichnet sich als der „Unbehauste" (V. 3348), also als Heimatloser und Entwurzelter, der wie eine zerstörerische Naturgewalt Gretchen in ihrem bescheidenen, in sich ruhenden Dasein in der Geborgenheit einer Alpenhütte heimgesucht und ihr den Frieden geraubt habe (vgl. V. 3349–3360). Doch letztlich bleibt dieser moralische Selbstzweifel ohne Konsequenzen für Fausts Handeln: Er bringt sein Gewissen zum Schweigen, indem er den von ihm beschrittenen Weg für unumkehrbar erklärt und damit den Untergang Gretchens in Kauf nimmt (vgl. V. 3362–3365). Mephisto ist damit wieder obenauf. Er sieht die Leidenschaft Fausts neu belebt (vgl. V. 3366) und damit seine Wettchancen steigen.

Gretchens Stube

Gretchen – Goethe ersetzt in dieser Szene erstmals „Margarete" durch diese intimere Namensbezeichnung – sitzt allein in ihrem Zimmer am Spinnrad. Parallel zu Faust in der vorangegangenen Szene macht auch sie sich ihre Situation bewusst, aber anders als der verkopfte Intellektuelle Faust nicht in Form eines Monologs, sondern in einem Lied, das ihrem harmonischen Wesen entspricht. Der Ausgangspunkt ihrer Gedanken ist der Verlust ihrer inneren Ruhe (vgl. V. 3374), dem eine schwerwiegende emotionale Erschütterung zugrunde liegt: Das Getrenntsein von Faust raubt ihr die Lebensfreude (vgl. V. 3378–3381) und lässt sie in ihren natürlichen Gedanken unsicher werden (vgl. V. 3382–3385). Im Weiteren legt Gretchen die Ursachen ihrer Sehnsucht nach Faust dar: Sie beschreibt sein attraktives Äußeres (vgl. V. 3394–3397) sowie seine Kunst des wirkungsvollen Redens (vgl. V. 3398–3399) und erinnert sich schmachtend an Fausts Kuss im Gartenhäuschen (vgl. V. 3401). Am Ende ihrer Reflexion ist Gretchen bereit, sich

Gretchens Reflexionslied

ihrem Geliebten als selbstlos Liebende hinzugeben – ganz im Unterschied zu Faust, der zur Erfüllung seiner Begierden skrupellos ihren Untergang in Kauf nimmt (vgl. V. 3364f.). Gretchens Lied besteht aus zehn vierzeiligen Strophen, wobei die erste Strophe wie ein Refrain zwei Mal wiederholt wird – ihr Inhalt, die Schilderung von Gretchens Herzensleid, erhält durch diese Wiederholung ein besonderes Gewicht. Die einzelnen Strophen bestehen meist aus zweihebigen Jamben, die den eintönigen Rhythmus des Spinnrads nachbilden. Allerdings werden die Einleitungszeilen zu den Refrainstrophen aus dreihebigen Trochäen gebildet: Gretchen kommt dabei gewissermaßen aus dem Takt, was den in dieser Zeile beschriebenen Verlust der inneren Ruhe im Sprachrhythmus aufscheinen lässt.

Formale Gestaltung

Marthens Garten

Ein zweites Mal begegnen sich Faust und Gretchen im Garten der Nachbarin Marthe. Der Szenenbeginn zeigt die beiden in ein Gespräch über Glaube und Religion vertieft. Gretchen will Gewissheit über die innere Haltung Fausts erlangen und stellt ihm die „Gretchenfrage": „Nun sag, wie hast du's mit der Religion?" (V. 3415) Dabei mutmaßt sie, dass Faust dieser nur wenig Bedeutung beimesse (vgl. V. 3417), was dieser durch seinen Rückzug auf eine tolerante Haltung bestätigt: „Will niemand sein Gefühl und seine Kirche rauben." (V. 3420) Gretchen ist damit nicht zufrieden und hakt nach, diesmal mit konkretem Bezug auf den praktischen Vollzug des Glaubens: Sie unterstellt Faust, er ehre die Heiligen Sakramente[1] nicht, was dieser nur halbherzig dementiert (vgl. V. 3423–3425). Im dritten Anlauf fragt Gretchen direkt, ob Faust an Gott glaube (vgl.

Die Gretchenfrage

---

[1] Die Christen betrachten die Sakramente als göttliche Heilszeichen, in denen sie Gott nahe sein können – die Katholikin Gretchen nennt als wichtigste Sakramente die Messe, also die Feier der Eucharistie, und die Beichte (vgl. V. 3425).

V. 3426). Er tut diese Frage zunächst als vermessen ab, da kein Mensch imstande sei, sie zu beantworten (vgl. V. 3426–3429). Aber Gretchen lässt nicht locker und kann ihrem Gegenüber tatsächlich ein Bekenntnis entlocken: Faust beschreibt ein pantheistisches[1] Gottesbild, wenn er Gott als „Allerhalter" von allem einschließlich seiner selbst bezeichnet (vgl. V. 3439–3441). Die göttliche Erfahrung gipfelt für ihn im Gefühl der Liebe (vgl. V. 3451–3458). Gretchen ist diesem philosophischen Erguss nicht gewachsen, scheint aber zunächst etwas beruhigt zu sein: Im Wortfeuerwerk Fausts meint sie, Ähnlichkeiten zu den Aussagen ihres Pfarrers zu erkennen (vgl. V. 3459–3461). Doch am Ende steht ihr ernüchterndes Fazit: Faust ist kein Christ (vgl. V. 3468).

Die Feststellung, Faust bewege sich außerhalb des christlichen Horizonts, ist für Gretchen gekoppelt an Mephisto, der in ihr Hass (vgl. V. 3472) und Grauen (vgl. V. 3480) auslöst. Sie sieht es ihm an, dass er abseits der menschlichen Gemeinschaft steht und zu keiner menschlichen Empathie fähig ist (vgl. V. 3485–3490). Die negative Wirkung Mephistos ist so bedrückend, dass Gretchen in seiner Gegenwart in ihrer Liebe zu Faust unsicher wird und sogar nicht mehr im Gebet zu Gott zu sprechen vermag (vgl. V. 3495–3499). Mephistos Präsenz bedeutet für das feinfühlige Gretchen nicht weniger als eine existenzielle Erschütterung. Doch die Rolle Mephistos wird zwischen den beiden Liebenden nicht ausdiskutiert, weil Faust sich nicht auf eine Debatte einlässt. Aber mit der Anrede „Du ah-

Gretchens ahnungsvolle Ablehnung Mephistos

---

[1] pantheistisch: Der Lehre des Pantheismus liegt die Vorstellung zugrunde, dass kein personaler Gott existiert, sondern die Gesamtheit aller existierenden Dinge zusammen das göttliche Prinzip bildet. Pantheistische Ansätze finden sich bereits in der frühen griechischen Philosophie der „Vorsokratiker". Auch bei den Denkern der Aufklärungszeit war diese Weltsicht durchaus verbreitet.

nungsvoller Engel" (V. 3494) bestätigt er zumindest die Wahrnehmung Gretchens.

Gretchen stimmt einer Liebesnacht zu

Als Gretchen nach Hause muss, erhält die Entwicklung ihrer Liebesbeziehung einen neuen Schub: Faust äußert den Wunsch nach einer gemeinsamen Liebesnacht (vgl. V. 3503–3504). Gretchen teilt das gleiche Verlangen und ist einverstanden, fürchtet aber die Entdeckung vonseiten der Mutter (vgl. V. 3505–3509). Faust überreicht ihr deshalb ein Schlafmittel und zerstreut ihre Bedenken, mit dem Mittel die Gesundheit ihrer Mutter zu gefährden (vgl. V. 3515f.). Gretchen demonstriert ihr bedingungsloses Einlassen auf die Liebesbeziehung, indem sie Fausts Plan zustimmt und sogar bereit ist, ihre eigene Mutter zu narkotisieren.

Mephisto reizt Faust

Als Gretchen weg ist, tritt Mephisto zu Faust. Sogleich versucht er, Faust zu provozieren, indem er Gretchens Interesse an Fausts Religion als Teil eines primitiven Beziehungsmachtspiels interpretiert – fromme Männer seien in den Augen der Frauen folgsamer (vgl. V. 3527). Fausts empörten Einwand, dass Gretchens Liebe integer sei (vgl. V. 3528–3533), lässt Mephisto nicht gelten (vgl. V. 3535). Freilich muss auch er das feine Gespür Gretchens gegenüber seiner Person anerkennen (vgl. V. 3537–3541), aber vor allem interessiert ihn die bevorstehende Liebesnacht (vgl. V. 3542). Dies kann Faust nicht nachvollziehen (vgl. V. 3543), da er nicht um die Wette zwischen Mephisto und dem Herrn im Himmel weiß.

Funktion der Szene

Die Szene erfüllt vor allem zwei Aufgaben. Zum einen werden die Persönlichkeiten der beiden Protagonisten ein weiteres Mal kontrastiert. Gretchen weiß sich in ihrem festgefügten Weltbild zu Hause und damit auch in ihrem sozialen Umfeld geborgen, weshalb sie auch selbstbewusst und mit einem klaren Gesprächsziel agieren kann. Faust dagegen tritt als moderner Religionskritiker im Geiste der Aufklärung auf. Dabei zeigt er mit seinem selbstbewussten Hintersichlassen der religiösen Tradition unbewusst auch die Gefahr dieser weltanschaulichen Entgrenzung, verkörpert in der Verführbarkeit durch Mephisto. Zum anderen wirkt die Szene als Katalysator für die Gretchenhandlung. Gretchen wird von Faust zu einer – im Drama nicht gezeigten – Liebesnacht verführt, in der, wie der Zuschauer später erfährt, Gretchen schwanger wird und ihre Mutter an dem verabreichten Schlafmittel stirbt. Damit beginnt in dieser Szene der tragische Abstieg Gretchens.

Am Brunnen

Die Szene spielt an einem öffentlichen Brunnen und damit an einem Ort der sozialen Kommunikation. Lieschen, eine Bekannte, eröffnet Gretchen den neuesten Klatsch: Eine andere junge Frau, Bärbelchen, ist von ihrem Freund schwanger geworden (vgl. V. 3549). Diese Information hat Lieschen kurz vorher von einer Bekannten erhalten (vgl. V. 3547) – ein eigentlich nebensächlicher Umstand, mit dem Goethe aber geschickt das in der Stadt herrschende engmaschige soziale Kontroll- und Kommunikationsnetz anschaulich macht. Die voreheliche Schwangerschaft bedeutet für Bärbelchen die soziale Ausgrenzung: Vonseiten der Kirche wird sie öffentlich als Sünderin gebrandmarkt (vgl. V. 3568f.[1]). Außerdem hat sie ihr Freund sitzengelassen (vgl. V. 3571–3573), auf Heilung ihres sozialen Makels durch Heirat darf sie also kaum hoffen, und wenn, dann bleibt auch die Ehe-Zeremonie von der gesellschaftlichen Schande überschattet (vgl. V. 3574–3576). Lieschen sieht

Vorausdeutung auf Gretchens Schicksal

---

[1] Die Formulierung „Im Sünderhemdchen Kirchbuß' tun" beschreibt eine rituelle Bloßstellung, wie sie eigentlich nicht so sehr in katholischen, sondern vor allem in den protestantischen Regionen Deutschlands praktiziert wurde, wo es die Möglichkeit der Ohrenbeichte nicht gab. Im Fürstentum Sachsen-Weimar wurde die Kirchenbuße erst 1786 durch Goethe abgeschafft (historischer Kontext bei Gaier, Faust, S. 176).

darin die Strafe für den früheren Hochmut Bärbelchens, die sich mit ihrer Schönheit in den Vordergrund habe spielen wollen (vgl. V. 3551–3561). In ihren Worten wird auch die eigentliche Triebfeder für ihre selbstgerechte Schadenfreude deutlich: Neid (vgl. V. 3562–3567). Gretchen erahnt im Schicksal Bärbelchens ihre eigene Zukunft. Ihr wird bewusst, dass sie an den Lästereien Lieschens nicht mehr teilnehmen kann (vgl. V. 3577–3583), da sie „selbst der Sünde bloß" ist (V. 3584). Das heißt: Offenbar ist sie inzwischen von Faust schwanger und sobald sie ihre Schwangerschaft nicht mehr verheimlichen kann, droht ihr das gleiche Leid wie Bärbelchen. Allerdings ist sie sich in ihrem Inneren keiner Schuld bewusst – sie hat sich Faust nicht aus niederen Motiven, sondern aus Liebe hingegeben (vgl. V. 3585f.).

Zwinger

Bedeutung des Ortes

Der Zwinger bezeichnet den Raum zwischen innerer und äußerer Stadtmauer. Gretchen befindet sich also an einem nicht öffentlichen, gesellschaftsfreien Ort, wo sie sich offen äußern und ihr Herz ausschütten kann. Innerhalb der Gesellschaft kann sie keine Hilfe erwarten – siehe dazu die Szene „Am Brunnen" – und außerhalb der Stadt wäre sie ohne jegliche soziale Bindung und damit völlig auf sich allein gestellt. Adressatin ihrer Klagen ist ein Andachtsbild der „Mater dolorosa". Dabei handelt es sich um eine traditionsreiche Darstellung der Mutter Gottes, in der ihr Schmerz angesichts des Todes ihres Sohnes Jesus Christus am Kreuz im Mittelpunkt steht. Gretchen wendet sich also im Gebet vertrauensvoll an eine Frau und Mutter, die sich ebenfalls in einer verzweifelten Situation befindet.

Gretchens Suche nach religiösem Trost

Gretchen bringt der Mutter Gottes frische Blumen dar – ein klarer Hinweis darauf, dass die innere religiöse Haltung für Gretchen, anders als für Faust, nicht nur eine Frage des Kopfes ist, sondern auch „körperlich" gelebt, also durch fromme Gesten und Handlungen praktiziert werden muss. Anschließend richtet sie ein Gebet an Maria, indem sie, nach einer einleitenden Anrufung (vgl. V. 3587–3589), sich die im Bild dargestellte seelische Not der Gottesmutter vergegenwärtigt (vgl. V. 3590–3595) und dann auf ihre eigene Situation überleitet: Maria sei die Einzige, die ihren persönlichen Schmerz verstehen könne (vgl. V. 3596–3601). Ihre innere Not schildert sie in der fünften Strophe (vgl. V. 3602–3607) durch die dreimalige Wiederholung der Schlüsselworte „weh" und „ich weine", wobei die zweifache Alliteration des Buchstabens „w" noch zusätzlich durch die Wiederholung an den ersten drei Zeilenanfängen hervorgehoben wird. Der Kernsatz der Strophe lautet: „Das Herz zerbricht in mir." (V. 3607) Lebte Gretchen bislang aus einer in sich ruhenden Harmonie heraus, deren metaphorischer Platz das „Herz" ist, so ist dieser innere Einklang jetzt zerstört. Von der Beschreibung des eigenen Zustands leitet Gretchen dann wieder zu Maria über (vgl. V. 3608–3611); das verbindende Element sind die Blumen, die sie mit ihren Tränen benetzt und dann der Gottesmutter dargebracht hat. Sie beschließt das Gebet mit einer Bitte um gnädige Rettung vor der Schande (vgl. V. 3616–3619) – offenbar hat sie die Hoffnung auf Hilfe von ihrem Geliebten Faust inzwischen begraben. Allerdings bleibt in dieser Szene auch offen, ob Gretchen tatsächlich Trost oder Hilfe aus dem Gebet an Maria ziehen kann.

Nacht

Gretchens Bruder, der Soldat Valentin, tritt nachts vor dem Haus seiner Schwester auf und beklagt sein Unglück: Bisher hatte ihm die Ehrbarkeit Gretchens innere Ruhe und Ansehen bei seinen Kameraden gesichert (vgl. V. 3620–3637). Aber ihre uneheliche Schwangerschaft hat sich offenkundig herumgesprochen und so muss er sich demütigende

Gretchens Bruder will Rache für den Ehrverlust

Beschimpfungen gefallen lassen (vgl. V. 3638–3645). Dieser Verlust seines Prestiges versetzt ihn derart in Wut, dass er Faust, den Verursacher seines Unglücks, töten will, als er diesen kommen hört (vgl. V. 3646–3649).

Fausts Niedergeschlagenheit ...

Faust und Mephisto nähern sich im Zwiegespräch dem Hause Gretchens. Faust zeichnet ein trauriges Bild seines inneren Zustands, wenn er sich mit dem schwach flackernden ewigen Licht in der Kirche[1] vergleicht, das von der Finsternis bedrängt wird (vgl. V. 3650–3654). Den Zuschauer erinnert dieses Bild an die Wette zwischen Mephisto und dem Herrn um die Gutheit der Schöpfung: Die Bedrohung des Lichts durch die Mächte der Finsternis deutet an, dass Faust durch sein egoistisches Handeln gegenüber Gretchen vordergründig den Absichten und Zielen des Teufels in die Hände spielt.

... und Mephistos Hochgefühl

Im Gegensatz zu Faust ist Mephisto angesichts des bevorstehenden Hexenfests in der Walpurgisnacht in Hochstimmung (vgl. V. 3660–3663). Darum möchte er auch die Beziehung zwischen Faust und Gretchen weiter vorantreiben. Zu diesem Zweck verspricht er Faust weiteren Schmuck, um seine Geliebte zu verführen (vgl. V. 3672–3675), und stellt ihm sogar ein Verführungslied vor (vgl. V. 3682–3697), in dem als Täuschungsstrategie dem Mädchen die Ehe in Aussicht gestellt wird – passend zur Situation Fausts, der Gretchen auch nicht heiraten wird.

Valentins Tod ...

Valentin, der Zeuge von Mephistos Gesang wurde, geht auf die beiden los und verwickelt sie in eine Degenstecherei. Als im mordlüsternen Valentin der Verdacht keimt, mit dem Teufel selbst zu fechten (vgl. V. 3709), ist es schon zu spät: Mephisto bedient sich seiner teuflischen Fähigkeiten und schwächt Valentins Kampfkraft (vgl. V. 3710), gleichzeitig fordert er Faust zum tödlichen Stoß auf (vgl.

---

[1] Im Altarbereich katholischer Kirchen brennt stets ein Kerzenlicht, das die Gegenwart Gottes anzeigt.

V. 3711), den dieser tatsächlich ausführt und damit Schuld als Mörder auf sich lädt. Der Tod Valentins zwingt die beiden, aus der Stadt zu verschwinden (vgl. V. 3711–3715), da Mephisto die Folgen des „Blutbanns", also die gerichtliche Verfolgung der Bluttat, nicht kontrollieren kann. Würde Faust ergriffen und verurteilt, könnte Mephisto seine Wette kaum mehr gewinnen. Folgerichtig arbeitet Mephisto an neuen Versuchungen für Faust, eine Fortsetzung der Beziehung zwischen Faust und Gretchen ist für ihn nicht mehr von Interesse.

Der Kampflärm lockt Passanten herbei. Auch Gretchen und Marthe erscheinen am Fenster und erleben, wie Valentin im Sterben seinen Ruf wiederherstellen will, indem er sich in bittersten Beschimpfungen öffentlich von seiner Schwester distanziert. Er bezeichnet Gretchen als „Hur" (V. 3730), deren Entwicklung zum stadtbekannten Flittchen in seinen Augen vorgezeichnet ist (vgl. V. 3735–3739). Er konzentriert sich vor allem auf ihren wunden Punkt, die Schwangerschaft: Die Geburt des Kindes macht die Schande für alle Welt offenkundig (vgl. V. 3740–3749). Dabei stellt Valentin mit einem geradezu prophetischen Blick auf das weitere Schicksal Gretchens sogar die Option einer Kindstötung in den Raum (vgl. V. 3744). Außerdem sagt er Gretchen den totalen sozialen Abstieg abseits der gesellschaftlichen und kirchlichen Anerkennung und ein Ende in Armut voraus (vgl. V. 3750–3763). Durch diese Schmachrede hat er die Distanzierung von seiner Schwester vollzogen und erwartet als Trost, dass er „[z]u Gott [...] als Soldat und brav" (V. 3775) eingehe. Gretchens Reaktion – „Mein Bruder! Welche Höllenpein!" (V. 3770) – zeigt sie innerlich schwer getroffen, vom Tod des Bruders ebenso wie von ihrer Angst vor dem Kommenden.

... und Gretchens Schande

Dom

Gretchen gepeinigt von einem umfassenden Schuldgefühl

Im Dom findet ein Gedenkgottesdienst für Verstorbene statt – darauf lässt der Hymnus „Dies irae"[1] schließen. Die Messe wird offenbar auch für Gretchens Mutter gelesen, die an Fausts Schlafmittel starb (vgl. V. 3787f.), was in dieser Szene erstmalig thematisiert wird. Gretchens „Böser Geist", die Stimme ihres Gewissens, bringt ihre inneren Schuldgefühle zum Ausdruck: So macht sich Gretchen nicht nur Vorwürfe wegen der Mutter, sondern sieht sich auch am Tod ihres Bruders beteiligt (vgl. V. 3788f.). Außerdem fühlt sie sich wegen der Schwangerschaft schuldig (vgl. V. 3790). Somit quält sie ein umfassendes Gefühl von Schuld und Sünde – sie hat sich in ihrer eigenen Wahrnehmung gegen drei Generationen ihrer Familie vergangen: die Generation der Eltern, der Geschwister und der Nachkommen.

Gretchen wird von ihren Schuldgefühlen bedrängt, Inszenierung des Wirsberg-Gymnasiums Würzburg 2011

---

[1] „Dies irae": Der feierliche Gesang „Tage des Zorns" handelt vom Jüngsten Gericht. Der in der katholischen Liturgie seit dem Mittelalter etablierte Hymnus wurde zur Zeit Goethes vor allem im Rahmen des Totengedenkens gesungen.

Im Gottesdienst sucht Gretchen Erlösung von ihren Schuldgefühlen, doch sie ist bereits so tief darin verstrickt, dass sie nur noch das Strafende und nicht mehr das Tröstende in der christlichen Botschaft hört. Die von Goethe wiedergegebene Strophenauswahl aus dem Kirchenhymnus macht das deutlich. Das vom Chor gesungene „Dies irae" besteht eigentlich aus zwei inhaltlichen Ebenen, zum einen aus der Ankündigung von Gericht und Strafe und zum anderen aus der Hoffnung auf Erlösung, doch im Text scheinen nur negative Passagen auf. Auch Gretchens „Böser Geist" kommentiert nur die drohenden Botschaften des Chorals und spricht Gretchen jede Aussicht auf Rettung ab. Entsprechend dieser Fokussierung erlebt Gretchen ihre Schuld immer stärker als körperliche Bedrängung: Orgel und Gesang nehmen ihr den Atem (vgl. V. 3808–3812), die Pfeiler und das Gewölbe lasten drückend auf ihr (vgl. V. 3816–3820). Schließlich flüchtet sie sich in eine extreme körperliche Reaktion: Sie fällt in Ohnmacht (vgl. Regieanweisung, S. 127).

Kein Trost in der Frohen Botschaft

Gretchens Weg in die Schuld

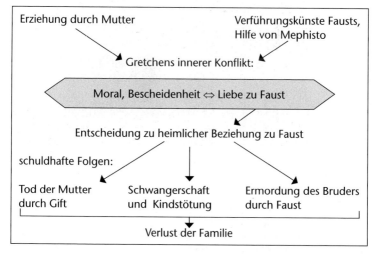

Walpurgisnacht und Walpurgisnachtstraum

Handlungsgang der beiden Szenen

Mephisto nimmt Faust mit zum Hexensabbat, einem nächtlichen Treffen der Hexen, das auf dem Brocken[1] im Harzgebirge stattfindet. Schon in der Szene „Hexenküche" hatte Mephisto seinen Besuch dort angekündigt (vgl. V. 2590f.). Die komplexe Handlung entfaltet sich im Wesentlichen auf folgenden Etappen: Zunächst handelt die Szene vom Weg Mephistos und Fausts hinauf auf den Berg, geleitet von Irrlichtern (vgl. V. 3834–3934). Bei ihrem Aufstieg werden sie Zeuge einer Hexengruppe, die in wildem Treiben ebenfalls auf dem Weg nach oben ist (vgl. V. 3935–4040). Die Begegnung mit der Trödelhexe weckt in Faust eine erste Erinnerung an Gretchen – Mephisto kann diese Gedanken zunächst unterbinden, indem er Faust durch Lilith, eine weitere Hexe, sexuell in Versuchung führt (vgl. V. 4041–4143). Aber nach einem satirischen Zwischenspiel auf Zeitgenossen Goethes (vgl. V. 4144–4175) wird Faust das Schicksal Gretchens in einer Vision präsent (vgl. V. 4176–4222). Doch erneut wird er abgelenkt. Inmitten des Treibens auf dem Blocksberg wird der „Walpurgisnachtstraum", ein satirisches Zwischenspiel, aufgeführt. Im Folgenden werden die Szenen „Walpurgisnacht" und „Walpurgisnachtstraum" vor allem in ihrer Funktion für die Dramenhandlung gedeutet.

Gegenszene zum „Prolog im Himmel"

Die „Traum- und Zaubersphäre" (V. 3871) der „Walpurgisnacht" erscheint in vielerlei Hinsicht als Kontrapunkt zum „Prolog im Himmel". So stehen dem Sonnenlied des Himmelschors das nächtliche chaotische Treiben auf dem Blocksberg und der im Prolog beschworenen kosmischen Ordnung das „[Z]ickzack" (V. 3862) der Irrlichter sowie der ungeordnete Wechselgesang von Faust, Mephisto und den Irrlichtern (vgl. V. 3871–3911) gegenüber. Außerdem wird die Hauptaussage im „Prolog im Himmel" – der Mensch als

---

[1] In den volkstümlichen Erzählungen trägt der Brocken meist den Namen „Blocksberg".

Beweis für die Gutheit der göttlichen Schöpfung – durch die entfesselte Stimmung der Walpurgisnacht, die hemmungslose Entfaltung sexueller Lust im derben Hexentreiben, scheinbar auf den Kopf gestellt. Allerdings stellt die Walpurgisnacht trotz aller Gegensätzlichkeiten keineswegs ein autonomes teuflisches Gegenreich zum Himmel dar: Schon die Dramenstruktur macht deutlich, dass der „Prolog im Himmel" der Szene „Walpurgisnacht" übergeordnet ist. Das Durcheinander auf dem Blocksberg hat letztlich auch nur einen Platz innerhalb der Schöpfungsordnung, wie ja auch Mephisto sich nur zum göttlichen Gesinde zählen darf (vgl. V. 274).

Die Ereignisse der Walpurgisnacht werden von Faust und Mephisto in gegensätzlicher Weise wahrgenommen. Dies macht schon der Szenenbeginn deutlich: Während Faust angesichts des bevorstehenden Aufstiegs Wanderlust verspürt (vgl. V. 3839–3844) und mit einem einfachen Stock zufrieden ist (vgl. V. 3838), drängt es Mephisto auf schnellstem Wege mitten in das nächtliche Treiben hinein (vgl. V. 3836) – am liebsten auf dem „allerderbsten Bock" (V. 3835). Darin zeigt sich, dass Faust seinem Anspruch, zu streben und aktiv zu sein, gerecht werden will, auch wenn es Mühe kostet, wohingegen Mephisto den bequemen Weg wählt. Und während Faust in der Nacht zum 1. Mai schon den Frühling angebrochen sieht (vgl. V. 3845), bleibt Mephisto innerlich dem Winter verhaftet (vgl. V. 3849). Die Gegensätzlichkeiten setzen sich im Wechselgesang zwischen Faust und Mephisto fort. Eine Passage, die offenbar vor allem das Erleben Fausts zum Ausdruck bringt, thematisiert die aus den Naturerscheinungen sprechende höhere Liebeserfahrung (vgl. V. 3881–3884), die sogar mit einer göttlichen Erfahrung gleichgesetzt wird (vgl. V. 3885). Diese idealistische Sichtweise auf die Dinge wird gekontert durch die offensichtlich von Mephisto beigesteuerten Beschreibungen des tierischen Lebens (vgl.

Unterschiedliche Wahrnehmungsebenen von Faust und Mephisto

V. 3898–3905), die sich als Metaphern eines materiellen, triebhaften Begehrens deuten lassen. So steht der Molch (vgl. V. 3892) für eine niedere, bei vielen Menschen Ekel hervorrufende Daseinsform und die Wurzeln erinnern in ihrem begehrenden Zugriff auf den Wanderer (vgl. V. 3894–3900) an einen sexuellen Vereinigungswunsch. Auch der Anblick des Blocksbergs offenbart Unterschiede in der existenziellen Perspektive: Mephisto assoziiert das Leuchten des Bergs ohne Umschweife mit Gold und damit mit materiellem Reichtum (vgl. V. 3913–3915), während Faust die Schönheiten mit poetischer Begeisterung wahrnimmt (vgl. V. 3916–3931). Hinter diesen vielfältigen Divergenzen der beiden Hauptfiguren stehen unterschiedliche Erwartungshaltungen, die jeweils mit der Walpurgisnacht verknüpft sind: Faust verspricht sich von der Hexennacht eine höhere Erkenntnis – „[d]a muss sich manches Rätsel lösen" (V. 4040) –, während Mephisto, auf den Gewinn seiner Wette bedacht, Faust zur schnellen sexuellen Lusterfüllung verführen will (vgl. V. 4041–4049).

Fausts nicht unterdrückbare Sehnsucht nach Gretchen

Der Wechselgesang zwischen Mephisto und Faust im ersten Handlungsabschnitt intoniert das Grundthema der Szene: Mephisto versucht, mithilfe der enthemmten und verlockenden Atmosphäre des nächtlichen Hexentreibens das Liebesverlangen Fausts nach Gretchen als niederes sexuelles Verlangen nach austauschbaren Frauen zu entlarven. Dieses Vorhaben gelingt zunächst, auch wenn die Gebrauchtwaren der Trödelhexe (vgl. V. 4096–4113) bei Faust sehr konkrete Erinnerungen an Gretchen zu wecken beginnen. So spielt der „Dolch" (V. 4104) auf die Messerstecherei mit Gretchens Bruder Valentin an, der „Kelch" (V. 4105) auf das Gift, an dem Gretchens Mutter gestorben ist, und der „Schmuck" (V. 4107) auf die Preziosen, mit denen Gretchen verführt wurde. Mephisto kann die aufsteigenden Erinnerungen an Fausts Liebeserfahrung zunächst verdrängen, indem er ihn mit der verführerischen

Hexe Lilith zusammenbringt (vgl. V. 4118–4127). Im Tanz mit ihr bewegen Faust tatsächlich vor allem handfeste erotische Absichten (vgl. V. 4128–4131). Doch seine Sehnsucht nach Gretchen lässt sich nur kurz betäuben. Er beendet abrupt den Tanz, weil ihn eine bedrückende Vision vom Schicksal Gretchens ereilt: Er sieht ein „blasses, schönes Kind" (V. 4184), in dem er Gretchen erkennt (vgl. V. 4187f.). Ihr langsamer Gang mit geschlossenen Füßen (vgl. V. 4185–4186) gemahnt an ihre Kerkerhaft und das „rote[...] Schnürchen" (V. 4204) an ihrem Hals, „[n]icht breiter als ein Messerrücken" (V. 4205), nimmt ihre Hinrichtung am Schafott vorweg. Mephisto wiederum schafft es nicht, diese Erscheinung als „Zauberbild" (V. 4190) wegzuerklären, und nur die bevorstehende Aufführung des „Walpurgisnachtstraums" schafft eine neue Sensation, um Faust abzulenken (vgl. V. 4210–4214).

Faust und Mephisto werden Zuschauer eines Theaterstücks. Die Elfen geben ein Maskenspiel zu Ehren ihres Königspaares Oberon und Titania – von Goethe aus Shakespeares Stück „Sommernachtstraum" entliehen –, das trotz allen ehelichen Streits wieder zueinander gefunden hat und seine Goldene Hochzeit feiert (vgl. V. 4227–4234). Im Rahmen des Intermezzos treten zahlreiche satirische Figuren auf, die sich, ohne erkennbaren inneren Zusammenhang mit dem feierlichen Anlass der Aufführung, unterschiedlichen Themen widmen: das Motiv der Nacktheit in der darstellenden Kunst (vgl. V. 4276–4294), die Literaturszene zur Zeit Goethes (vgl. V. 4295–4318), die Frage nach der Existenz des Teufels (vgl. V. 4319–4362) sowie die neue gesellschaftliche Realität im Gefolge der Französischen Revolution (vgl. V. 4363–4386). Im Kontext der dramatischen Gesamthandlung bietet das Intermezzo ein in unterhaltsamer Form dargebrachtes Lob auf die eheliche Treue. Die Darstellung des ehelichen Glücks provoziert beim Zuschauer die Frage, ob das Schicksal auch für Faust

> Der „Walpurgisnachtstraum"– Glücksverheißung auch für Faust und Gretchen?

und Gretchen ein erfülltes Eheleben bereithält oder ob sich diese Hoffnung letztlich im Licht des anbrechenden Tages auflöst, wie das Schlussbild des Intermezzos nahelegt (vgl. V. 4395–4398).

Trüber Tag[1]

Fausts Verzweiflung über das Schicksal Gretchens

Der nächtliche Trubel der Walpurgisnacht ist der verkaterten und ernüchternden Stimmung eines trüben Tags gewichen. Faust ist verzweifelt und bringt in dramatischen Ausrufen – seine ersten Worte lauten: „Im Elend! Verzweifelnd! Erbärmlich […]" (S. 145) – seinen tiefen Schmerz über das Schicksal Gretchens zum Ausdruck. Auf diesem Weg erfährt der Zuschauer, dass sich die Vision Fausts auf dem Blocksberg (vgl. V. 4183–4188) bestätigt hat: Gretchen sitzt tatsächlich als Verbrecherin im Kerker (ebd.). Allerdings bleiben die Gründe für die Haft vorerst noch im Dunkeln: Der von Gretchen verübte Kindsmord kommt erst in der Schlussszene zur Sprache (vgl. V. 4443 ff.).

Fausts Vorwürfe und Mephistos Reaktion

Die Klage über das Schicksal Gretchens – „[b]ösen Geistern übergeben und der richtenden gefühllosen Menschheit" (S. 146) – wendet Faust direkt gegen Mephisto, dem er vorwirft, ihn mit „abgeschmackten Zerstreuungen" von Gretchen abgelenkt zu haben und ihren Untergang tatenlos in Kauf zu nehmen. Doch Mephisto reagiert kalt und lakonisch: „Sie ist die Erste nicht." Diese brutale Abfuhr, mit der Mephisto seine Gleichgültigkeit gegenüber Gretchen ausdrückt, macht Faust offenbar die Dimension seines Teufelspakts erst so richtig bewusst. In einer pathetischen Anrede an den Erdgeist sehnt er sich danach, die Wette gar nicht erst geschlossen zu haben – das wiederum ist gerade angesichts der heftigen Wutrede gegen Mephisto als indirektes Geständnis zu werten, durch seine eigene Entscheidung mitschuldig am Untergang Gretchens ge-

---

[1] Die in Prosa verfasste Szene ist nicht Teil der Verszählung.

worden zu sein und seinen Irrtum zu erkennen; vergleiche hierzu auch die Feststellung des Herrn: „Es irrt der Mensch, solang er strebt." (V. 317) Das Geständnis Fausts nutzt Mephisto zu einem messerscharfen Konter: „Drangen wir uns dir auf oder du dich uns?" Einer solchen Argumentation kann Faust offenbar nichts entgegensetzen – er weicht aus, indem er sich erneut an den Erdgeist wendet, diesmal jedoch mit dem Vorwurf, ihn mit dem „Schandgesellen" zusammengebracht zu haben. Diesen argumentativen Leerlauf deckt Mephisto mit einer weiteren eiskalten Entgegnung auf: „Endigst du?"

Die Szene „Trüber Tag" war bereits Bestandteil des „Urfaust". Im Gegensatz zu anderen daraus übernommenen Szenen arbeitete Goethe diesen Abschnitt nicht in Versform um, sondern beließ weitgehend die ursprüngliche Prosafassung und damit auch ihre enorme sprachliche Wirkung. Die ausdrucksstarke Sprache Fausts, geprägt vom Stil des Sturm und Drang, erscheint als leidenschaftlich und kraftvoll: Seine Ausrufe, Wiederholungen und Sprechpausen unterstreichen seine innere Erregung. Dagegen bringen die aufs Wichtigste reduzierten Aussagen Mephistos sein kaltes und zynisches Wesen zum Ausdruck. Die von Goethe eingebauten Hinweise zur Körpersprache machen deutlich, wie dieser Konflikt auf der Bühne ausgespielt werden soll. Faust beschimpft nicht nur mehrfach die innere Gleichgültigkeit Mephistos, indem er ihn für sein trotziges Stehenbleiben angreift. Er beschreibt außerdem seine „teuflischen Augen" und das Fletschen seiner „gefräßigen Zähne" – ganz offensichtlich zeigt der Teufel in dieser Szene sein wahres Gesicht. Aber auch Faust kämpft mit offenem Visier, wenn er mit einem wilden Blick (vgl. Regieanweisung, S. 147) agiert. Er befindet sich ohne Zweifel in einem Zustand von Wut und Aggressivität.

Kommunikative Gestaltung der Szene

Faust nötigt Mephisto zur Rettung Gretchens

Bei der Klärung der Schuldfrage ausgekontert, will Faust Mephisto wenigstens für die Rettung Gretchens in die Pflicht nehmen. Dieser jedoch versucht, Faust von seinem Rettungsplan abzuhalten: Er behauptet, die Rettung stehe nicht in seiner Macht, und er gemahnt Faust an die Gefahr für ihn selbst, sollte er als gesuchter Verbrecher in die Stadt zurückkehren – eine Verhaftung Fausts würde es Mephisto unmöglich machen, seine Wette zu gewinnen. Außerdem bringt er nochmals die Schuld Fausts und damit gewissermaßen das Verursacher-Prinzip ins Spiel. Doch Faust besteht auf seiner Mitwirkung bei der Rettung. Um sich keine Blöße zu geben und dem Vorwurf der Tatenlosigkeit vorzubeugen, muss Mephisto schließlich seine Beteiligung zusagen: Er will den Kerkerwächter ausschalten und die Flucht mit seinen Zauberpferden organisieren.

Nacht

Düstere Vorausdeutung auf Gretchens Hinrichtung

Faust und Mephisto sind auf schwarzen Pferden zum Kerker unterwegs, als sie eine rätselhafte Zusammenkunft beobachten: Eine Gruppe von Hexen bereitet mithilfe magischer Verrichtungen den sogenannten „Rabenstein" (V. 4399), einen gemauerten Richtplatz, vor. Die äußerst kurze Szene dient vor allem dazu, die unmittelbar bevorstehende Hinrichtung Gretchens anzuzeigen und damit die Dramatik der Rettungsaktion zu betonen. In der sprachlichen Gestaltung fällt der dominierende Verbalstil auf: Die nicht weniger als acht zur Beschreibung der Hexenaktivitäten eingesetzten dynamischen Verben – „weben", „kochen", „schaffen", „schweben", „neigen", „beugen", „streuen", „weihen" (V. 4399–4401, 4403) – tragen wesentlich zur gespannten Unruhe und Spannung auf der Bühne bei.

Kerker

Faust erscheint vor der Kerkertür mit den Symbolen des Befreiers, mit Schlüsselbund und Lampe. Allerdings zögert er, das Verlies zu öffnen – das Wiedersehen mit Gretchen, die, wie man in dieser Szene erfährt, im Wahn ihr neugeborenes Kind getötet hat, bedeutet für ihn auch die Konfrontation mit seiner Schuld (vgl. V. 4409 f.). Hinter der Tür ist ein Lied Gretchens zu vernehmen (vgl. V. 4412–4420), mit dem das Publikum nicht nur auf ihre innere Trostlosigkeit vorbereitet wird, sondern auch auf ihren wahrnhaften Geisteszustand. Dieser wird im weiteren Verlauf des Geschehens durch ihren Sprachgebrauch hervorgehoben. Anders als bei ihren bisherigen Auftritten, in denen ihre Sprache von formaler Geschlossenheit geprägt war, bedient sie sich jetzt freier Rhythmen, die ihre innere Verwirrung widerspiegeln (z. B. „Wer hat dir, Henker, diese Macht/Über mich gegeben!", V. 4427 f.).

<small>Fausts Zögern und Gretchens Verzweiflung</small>

Als Faust eintritt, erkennt das verwirrte Gretchen ihn zunächst gar nicht, sondern verwechselt ihn mit dem Henker, der sie zum Schafott ruft – eine hintersinnige Fehlwahrnehmung, denn immerhin trägt Faust tatsächlich eine erhebliche Mitverantwortung an ihrem Todesurteil. In ihrem Flehen um Aufschub zeigt sie deutlich, wie sehr sie ihr Leben trotz ihrer verzweifelten Lage liebt (vgl. V. 4430–4433). Sie beklagt die Tragik ihrer Liebesgeschichte mit Faust (vgl. V. 4434–4436) und verdrängt ihre Tat, indem sie so tut, als lebe ihr Kind noch (vgl. V. 4443 f.) und als seien die gegen sie erhobenen Vorwürfe nichts als böses Gerede (vgl. V. 4445–4448). Hierin wird deutlich, dass ihr Geisteszustand ihr einen gewissen Schutz vor der bitteren Realität ihrer Tat bietet. Als Faust vor ihr auf die Knie geht, missversteht sie diese Geste als Aufforderung zum gemeinsamen Gebet (vgl. Regieanweisung, S. 149). Selbst angesichts ihrer Todesangst ist ihr persönlicher Glaube immer noch der unverbrüchliche Anker ihrer Existenz. Sie vertraut auf die himmlische Gerechtigkeit und auf die Bewahrung vor der Höllenstrafe.

<small>Gretchens Vertrauen auf göttliche Gerechtigkeit</small>

Als Gretchen Faust erkennt (vgl. V. 4461) und er ihre Ketten öffnet, ruft sie aus: „Ich bin frei!" (V. 4463) Doch

<small>Unterschiedliche Definitionen von Freiheit</small>

augenblicklich wird deutlich, dass sie und Faust völlig verschiedene Vorstellungen von dieser Freiheit haben. Faust möchte Gretchen aus dem Kerker befreien (vgl. V. 4479), aber vergeblich: Gretchen versteht ihr neue Freiheit nicht als Freiheit zur Flucht, sondern zur Liebe. Sie erinnert sich an die Orte ungetrübter Zweisamkeit (vgl. V. 4475–4478) und will die neu gewonnene Nähe zu Faust genießen (vgl. V. 4479f.). Doch ihre Intuition verrät ihr, dass Faust in seiner Körpersprache gar nicht mehr zum Ausdruck echter Liebe fähig ist: „Wie? Du kannst nicht mehr küssen?" (V. 4484) Ihre Unsicherheit, ob es sich bei ihrem Gegenüber wirklich um ihren geliebten Faust handelt (vgl. V. 4501), weist einen vielsagenden Bezug zu ihrem anfänglichen Nicht-Erkennen Fausts auf.

Gretchen sieht im Kerker ihrer Rettung entgegen, Aufführung des Theaters Hof 2010

Fausts drängende Aufforderungen zur Flucht beantwortet sie mit Ablehnung: Jeder Versuch zu entkommen sei sinnlos (vgl. V. 4545–4549). Außerdem macht sie deutlich, dass sie auf eine symbolische Wiederherstellung ihrer Familie wenigstens im Tod hofft (vgl. V. 4524–4529). Aus diesem Grund bittet sie Faust um die Gräberpflege (vgl. V. 4520–4523). Sein Versuch, sie schließlich mit Gewalt aus dem Kerker zu tragen (vgl. V. 4575), scheitert an ihrem Widerstand (vgl. V. 4576). Gretchen will sich ihrer Strafe stellen und sie weiß dabei genau, was sie erwartet: Über den Ablauf der Hinrichtung ist sie präzise informiert (vgl. V. 4587–4595).

Gretchens Weigerung zu fliehen

Als Mephisto hinzukommt und zur Eile drängt (vgl. V. 4597–4600), erkennt ihn Gretchen sofort und reagiert mit heftigster Ablehnung (vgl. V. 4601f.). Sie will nicht vom Teufel im Diesseits aus dem Kerker befreit, sondern im Jenseits von Gott gerettet werden (vgl. V. 4605). Ihr Ausruf „Heinrich! Mir grauts vor dir." (V. 4610) macht nochmals ihre Entscheidung gegen die Flucht mit Faust und für die Sühne ihrer Schuld deutlich. Mephisto vermag die Dimension der göttlichen Rettung nicht zu verstehen, er stellt lediglich fest: „Sie ist gerichtet!" (V. 4611) Doch eine Stimme aus dem Himmel verbessert ihn: „Ist gerettet!" (V. 4612) Gretchen kann sich der göttlichen Gnade gewiss sein, während Faust der Anweisung „Her zu mir!" (V. 4613) von Mephisto Folge leistet und sich damit für die Fortsetzung seiner Weltfahrt mit dem Teufel entscheidet.

Gretchens Rettung von oben

Der „Faust"-Kenner Jochen Schmidt bewertet „Faust I" als eines der „wenige[n] Werke der Weltliteratur, die ein so tragisch erschütterndes Ende haben"[1]. Tatsächlich wird der Zuschauer erschüttert vom elenden Kerkerdasein Gretchens und von der Tragik, mit der sie ohne innere Schuld zur Mörderin geworden ist. Ihre Tragödie findet den dramatischen

Bewertung der Szene

---

[1] Schmidt, Goethes Faust, S. 206

Höhepunkt in ihrer Entscheidung, nicht zu fliehen und so ihr Leben nicht zu retten, sondern die Hinrichtung als Weg der religiösen Sühne anzunehmen. Überhaupt zeigt die Szene Gretchen unbestritten als Hauptfigur: Sie ist die tragische Handlungsträgerin, mit Vertrauen auf ihre Intuition, entscheidungsstark und mit dominierenden Redeanteilen. Dagegen kann sich Faust nicht mit seinem Fluchtplan durchsetzen. Die beiden trennt nicht weniger als das jeweilige Weltverständnis, das sich in der Kerker-Symbolik ausdrückt: Während der immerzu suchende Faust von Anfang an aus seinem Studierzimmer-Kerker und allen Begrenzungen entkommen will, findet Gretchen sogar in der verzweifelten Enge ihrer Gefängniszelle einen existenziellen Sinn. Ihre Verwurzelung in der Religion gibt ihr die Möglichkeit, ihre Schuld anzunehmen und sich von ihr durch eine Sühnetat zu reinigen. Für Mephisto wiederum sind die Ereignisse eine Warnung: Gretchens unverbrüchliches Vertrauen auf göttliche Rettung ist ein Beleg für die von Gott im „Prolog im Himmel" behauptete Gutheit der Schöpfung – seine Wette über den Menschen Faust endet am Ende des zweiten Dramenteils in gleicher Weise.

„Faust II" – Handlungsverlauf und Dramenschluss

Fortsetzung der Weltfahrt in größerem Rahmen

Im zweiten Teil des Dramas erfährt der Zuschauer, wie Faust und Mephisto ihre Weltfahrt fortsetzen, allerdings in wesentlich anderen und perspektivisch erheblich erweiterten thematischen Kontexten. Während Faust im ersten Teil den erfüllenden Sinnzusammenhang in der individuellen Liebe zu Gretchen und damit im überschaubaren Rahmen einer bürgerlichen Liebesgeschichte gesucht hat, stehen jetzt große Menschheitsthemen auf dem Plan: Ästhetik und Kunst, konkretisiert im Versuch, Himmel und Erde durch die Schönheit Helenas zu versöhnen, ebenso wie Politik und Inbesitznahme und Umgestaltung der Natur. Der allgemeinere Charakter dieser Handlungsfelder hat auch Folgen für die dramatische Konzeption des zweiten Teils: Es geht nicht mehr um die tragischen Konflikte zwischen einzelnen, handlungsbestimmenden Figuren mit ihren Gegenspielern, sondern um die panoramaartige Inszenierung von symbolträchtigen Ereignissen mit allgemeinmenschlicher bzw. historischer Dimension, verkörpert weniger durch Individuen, sondern durch Typen und Allegorien. Gerade die enorme Dichte an Bezügen und Anspielungen erschwert dem heutigen Zuschauer den Zugang zum zweiten Teil des „Faust"-Dramas, zumal dieser Werkteil allein schon wegen seines Umfangs nicht häufig auf die Bühne kommt.

Faust erwacht aus einem Heilschlaf, während dessen er seine Gewissensbisse wegen Gretchens Schicksal vergessen hat, und tritt zusammen mit Mephisto am Hofe des Kaisers in Erscheinung. Sein Auftreten in der Sphäre der großen Politik fällt mit einem historischen Epochenumbruch zusammen, der Herausbildung des neuzeitlichen Staatswesens, gestützt auf moderne Herrschaftsmittel und Kapitalquellen. Das Reich befindet sich in einem Zustand des Machtverfalls und in großer Finanznot. In der Szene „Mummenschanz", einem karnevalsähnlichen Maskenumzug, wird in zahlreichen Allegorien die Bedeutung von Geld und Eigentum für die Menschheit ausgespielt. Faust selbst tritt als Pluto, Gott des Reichtums, auf. Mephisto wiederum lässt sich im Durcheinander des Umzugs vom Kaiser einen Wechsel ausstellen und erfindet so das Papiergeld, das nicht durch Gold gedeckt ist, sondern nur durch mutmaßlich vorhandene Bodenschätze. Damit ist das Reich zunächst gerettet, aber um den Preis drohenden Wertverlusts des Geldes. Anschließend beauftragt der Kaiser Faust, die Erscheinungen von Helena und Paris, Urtypen menschlicher Schönheit, als Unterhaltung herbeizuzaubern. Dazu benötigt dieser einen magischen Dreifuß, den er im „Reich der

Akt I: Faust in der Welt der großen Politik

Mütter" findet, ein mythischer Ort menschlicher Urbilder. Als Faust die Beschwörung durchführt, verliebt er sich in Helena, deren Erscheinung er jedoch nicht ergreifen kann.

Akt II: Die „Klassische Walpurgisnacht"

Faust ist in sein altes Studierzimmer zurückgekehrt. Dort erschafft sein früherer Gehilfe Wagner, jetzt selbst ein angesehener Wissenschaftler, den Homunculus, ein künstliches, körperloses „Menschlein" in einem Reagenzglas. Seine nur geistige Existenz besteht aus reinem Streben, aber aufgrund seiner fehlenden Körperlichkeit kann er seinen Drang nach Tätigkeit nicht ausleben. Damit fungiert er als Gegenmöglichkeit zu Faust, der seine Körperlichkeit als Grenze seines Strebens erfährt. Homunculus führt Faust und Mephisto zur „Klassischen Walpurgisnacht", in der antike Götter und Halbgötter, mythologische Gestalten und philosophische Denker auf griechischem Boden zusammenkommen. Dort trennen sich die Wege der drei Reisenden: Faust will in die Unterwelt hinabsteigen, um Helena zu finden – über den Verlauf und den Erfolg dieser Aktion erfährt der Zuschauer jedoch nichts. Mephisto zeigt inmitten der Klarheit der klassischen Antike seine böse Fratze und verwandelt sich in eine der drei Phorkyaden, hässliche alte Schwestern, die am lichtlosen Ende der Welt wohnen. Homunculus wiederum stürzt sich ins Meer, um in diesem Ur-Element endlich eine Gestalt zu finden.

Akt III: Der „Helena-Akt"

Das üblicherweise als „Helena-Akt" bezeichnete Herzstück von „Faust II" handelt von der symbolischen Vereinigung der beiden Lebenssphären von Helena und Faust, dem antiken Süden und dem germanischen Norden, und damit von der Synthese zwischen der klassischen Klarheit Griechenlands und der romantischen Seelenkraft des Abendlandes. Faust tritt als Heerführer auf und damit als politischer Machthaber, dem freilich der Zugang zum Prinzip der Schönheit fehlt. Für die Schönheit wiederum steht Helena, die jedoch ohne den Schutz von Faust ohnmächtig ist, weil ihre Existenz bedroht ist: Wie ihr Phorkyas alias Mephisto eröffnet, wolle sie ihr Gatte Menelaos den Göttern opfern. Das Zueinanderfinden von Faust und Helena macht Goethe in der Reimgestaltung fassbar, indem Helena im Dialog mit Faust dessen Versmaß übernimmt. Aus der Vereinigung der beiden entsteht der Sohn Hyperion, als Kind der Schönheit und eines Menschen die Verkörperung der Poesie. Allerdings findet er ein baldiges Ende: Er strebt mit einem wagemutigen Flug weg aus der Kunstwelt der Poesie hinein in das echte Leben, wo er als Krieger kämpfen will, stürzt jedoch ab. Auch die Vereinigung von Helena und Faust ist nicht von Dauer, Helena entschwindet und Faust kann nur ihr Kleid festhalten, das sich jedoch in eine Wolke auflöst.

Faust will Großtaten vollbringen. Aber jetzt strebt er nicht mehr nach einer schönen Frau oder nach politischer Macht. Er will sich die Natur untertan machen, indem er dem Meer neues Land abtrotzt, um dem Gemeinwohl zu dienen. Als er an der Seite des Kaisers gegen den Gegenkaiser kämpft, stellt ihm Mephisto die „drei Gewaltigen", teuflische Geschöpfe, als Helfer zur Seite. Mit ihnen zusammen kann Faust den Gegenkaiser besiegen. Zum Dank erhält er vom Kaiser ein Landstück am Meer, das er nun besiedeln will.

Akt IV: Faust als siegreicher Feldherr

Faust kolonisiert seine Küstenregion mit massivem Einsatz technischer Hilfsmittel um und baut Kanäle, Dämme und für sich selbst einen prachtvollen Herrschersitz, aber ohne jede Rücksicht auf Einzelschicksale. Sogar Philemon und Baucis, ein unschuldiges altes Ehepaar, sollen ihre idyllische Strandhütte verlieren. Ihre Hütte ärgert Faust und so gibt er Mephisto einen Wink, die beiden Alten umzusiedeln. Doch die „drei Gewaltigen" missdeuten bewusst seine Anweisung, brennen die Hütte nieder und lassen Philemon und Baucis sterben. Dieses Unglück lässt den ins Maßlose strebenden Faust zwar kalt, aber er macht zugleich deutlich, dass er sich von Mephisto trennen und sich nicht mehr auf seine magische Hilfe stützen will. Doch vor allem treibt er, hochbetagt und blind vor Sorge, sein Werk voran.

Akt V: Faust als Kolonisator

Als Mephisto schon das Grab für Faust schaufeln lässt, meint dieser, im Arbeitslärm kündige sich die Vollendung seines Werkes an. Als er stirbt, steht Mephisto bereit, seine Seele zu sich zu nehmen, doch eine Engelsschar greift ein und bringt Faust in den Himmel.

Dramenschluss: Faust als Beweis für die Gutheit der Schöpfung

Der Dramenschluss von „Faust II" bilanziert das Leitmotiv des Dramas, das im ersten Teil entwickelt worden ist. Der „Prolog im Himmel" hat das Schicksal Fausts zum Prüfstein für die Leitfrage gemacht, durch die die gesamte Handlung des Dramas „Faust" motiviert ist: Welchen Sinn erfüllt die göttliche Schöpfung? Die Wette zwischen Faust und Mephisto hat diese Problematik konkretisiert. Faust ist sich sicher, niemals im „Faulbett" zu enden, sondern stets weiterzustreben. Der Teufel wiederum will ihn davon abbringen – dann hätte Faust seine Existenz tatsächlich verwirkt.

Als Faust seine irdische Lebenszeit ausgeschöpft hat, zieht der Greis eine positive Bilanz: Er hat den „Erdenkreis" (V. 11441) kennengelernt, also seine existenziellen Möglichkeiten ausgeschritten. Dabei hat er niemals aufgesteckt und sich zur Ruhe begeben, sodass er von sich sagen kann: „Im Weiterschreiten find er Qual und Glück,/Er, unbefriedigt jeden Augenblick!" (V. 11451 f.) Doch als er stirbt, gibt es für Mephisto keinen Zweifel: Fausts Seele gehört ihm. Denn immerhin lauten Fausts letzte Worte:

„Zum Augenblicke dürft ich sagen:
Verweile doch, du bist so schön!
Es kann die Spur von meinen Erdetagen
Nicht in Äonen untergehn. –
Im Vorgefühl von solchem hohen Glück
Genieß ich jetzt den höchsten Augenblick."
(V. 11581–11586)

Damit scheint die Wette ihrem Wortlaut nach erfüllt zu sein. Die entsprechende Bedingung war von Faust in seinem Studierzimmer folgendermaßen definiert worden:

„Werd ich zum Augenblicke sagen:
Verweile doch! Du bist so schön!
Dann magst du mich in Fesseln schlagen,
Dann will ich gern zugrunde gehn!" (V. 1699–1702)
Doch Mephisto übersieht, dass Faust in seinen letzten Worten keine Zustandsbeschreibung, sondern eine Hypothese formuliert. Paraphrasiert lautet seine Aussage: „Für den Fall, dass der größte Glücksmoment eintritt, werde ich zu ihm sagen: Verweile doch!"[1] Faust genießt also im Moment des Todes nur die Vorfreude auf den höchsten Augenblick. Er hat zwar im Leben nicht die umfassende und erfüllende Ganzheitserfahrung erreicht, aber er hat sich dem Wechselprinzip aus Streben und Irrtum gestellt, er hat das Prinzip praktiziert, deshalb findet er am Schluss seinen Platz im göttlichen Weltplan.

Damit behält auch Gott recht mit seinem Standpunkt, die Schöpfung sei gut. Faust liefert am Ende seines Lebens den Beweis für Gottes These: „Ein guter Mensch in seinem dunklen Drange/Ist sich des rechten Weges wohl bewusst." (V. 328f.) Dies wird im Schlussakt durch die Engel bestätigt: „Wer immer strebend sich bemüht,/Den können wir erlösen." (V. 11936f.) Folgerichtig führt der Weg Fausts nicht zu Mephisto in die Hölle, sondern die Engel erheben ihn in die „Klarheit" (V. 11801) der himmlischen Existenz, wie es der Herr schon im „Prolog im Himmel" mit der gleichen Begrifflichkeit angekündigt hat (vgl. V. 309). Der Teufel bleibt zurück und fühlt sich betrogen, aber ihn beschleicht auch eine Ahnung, überhaupt „missgehandelt" (V. 11836), also sich aufgrund einer Fehleinschätzung an Faust vergeblich abgearbeitet zu haben (vgl. V. 11835–11837).

---

[1] Eibl gibt den Hinweis, dass, entsprechend den Zeichensetzungsgepflogenheiten zur Zeit Goethes, der Strich am Ende von V. 11584 den Schluss der indirekten Rede bezeichnet, vgl. Eibl, Das monumentale Ich, S. 315.

Hintergründe

Goethes Lebensstationen

Das Elternhaus: Liebe zu Bildung und Literatur

Johann Wolfgang Goethe wurde die Liebe zur Welt der Literatur mit seiner Geburt am 28. August 1749 in Frankfurt am Main gewissermaßen in die Wiege gelegt. Seine Eltern, der wohlhabende Johann Caspar Goethe und die ebenfalls aus einer angesehenen Familie stammende Catharina Elisabeth Goethe, legten großen Wert auf die Bildung Johann

Goethe im Porträt von Joseph Karl Stieler 1828

Wolfgangs und eröffneten ihm früh einen Zugang zum Lesen. Die umfangreiche Hausbibliothek enthielt unter anderem das berühmte „Faust"-Buch von Johannes Spies[1].

Die Begeisterung für Literatur bestimmte Goethes weiteren Werdegang. Zwar begann er 1765 das Studium der Rechte, zunächst in Leipzig, dann, ab 1770, in Straßburg, aber sein eigentliches Interesse galt dem Schreiben. Er veröffentlichte erste kleine Gedichtsammlungen und seine erste Komödie („Die Mitschuldigen", 1669). Nach bestandenem Jura-Examen gründete er 1771 in Frankfurt eine Anwaltskanzlei, die er mit mäßigem Engagement vier Jahre lang betrieb, und machte ein Praktikum beim Reichskammergericht in Wetzlar. Seine innere Kraft aber galt vor allem der Schriftstellerei. Das Trauerspiel „Götz von Berlichingen", erschienen 1773, war sein erster großer Erfolg und gleichzeitig ein Weckruf für viele junge Autoren, die sich in der literarischen Bewegung des Sturm und Drang zusammenfanden. Der Briefroman „Die Leiden des jungen Werthers" machte Goethe dann 1774 auf einen Schlag weit über den deutschsprachigen Raum hinaus bekannt. Auch mit Gedichten wie „Prometheus" und „Ganymed" schuf Goethe in dieser Zeit künstlerische Werke von bleibendem Rang.

Frühe Berühmtheit als Schriftsteller

1775 kam es zu einer entscheidenden Wende im Leben Goethes. Er folgte dem Ruf des noch nicht einmal zwanzig Jahre alten Weimarer Herzogs Karl August, der gemeinsam mit seiner Mutter Anna Amalia sein armes und vergleichsweise kleines Herzogtum trotz aller widrigen Bedingungen als Ort der Kultur etablieren konnte. Goethe wechselte als Berater des Herzogs in die Politik und übernahm als hoher Beamter verschiedene Aufgaben der Staatsreform. So konnte er die desaströse Finanzlage des hoch verschuldeten Staatswesens zumindest teilweise entschärfen. Um den Widerstand des örtlichen Adels gegen die Reformpoli-

Politiker in Weimar

---

[1] Vgl. hierzu auch das Kapitel „Stoffgeschichte", S. 99 ff.

tik zu schwächen, erwirkte der Herzog beim Kaiser sogar den Adelstitel für Goethe. Allerdings fiel Goethes politische Gesamtbilanz insgesamt ernüchternd aus.

Neue Berufung zum Schriftsteller in Italien

Diese Enttäuschung bewirkte zusammen mit einer Schaffenskrise des Künstlers Goethe einen weitreichenden Entschluss: Im Jahr 1786 trat er unter falschem Namen eine Reise nach Italien an. In Rom und anderen Städten des Südens konnte er ohne Verpflichtungen durch ein öffentliches Amt die Kunst der Antike und der Renaissance studieren und sich ganz der eigenen künstlerischen Entwicklung widmen. Er betätigte sich als Landschaftszeichner und arbeitete an verschiedenen Theaterstücken. Der bedeutendste Erfolg war die Fertigstellung des Stücks „Iphigenie auf Tauris", mit dem Goethe die Idee der Humanität und damit schon den gedanklichen Kern der folgenden Epoche der Weimarer Klassik in zeitloser Weise auf die Bühne brachte. Auch das 1790 veröffentlichte Theaterstück „Torquato Tasso" hielt sich in Sprache und Aufbau streng an klassische Formvorstellungen. Die wesentlichen Erkenntnisse seiner Zeit im Süden brachte Goethe in seinem autobiografischen Werk „Italienische Reise" und mit der erotischen Lyriksammlung „Römische Elegien" zu Papier.

Entscheidung gegen die Politik und für die Kunst

Nachdem in Italien der Entschluss gereift war, sein künftiges Leben wieder vorrangig der Kunst zu widmen, kehrte Goethe im Sommer 1788 nach Weimar zurück. Der Herzog akzeptierte diesen Rückzug aus der Politik und nutzte die Talente seines Beraters nunmehr verstärkt für den „Kunststandort" Weimar: Goethe übernahm unter anderem 1791 die Leitung des neu gegründeten Weimarer Hoftheaters und setzte außerdem seinen guten Namen ein, um zahlreiche Persönlichkeiten des geistigen Lebens an die Universität des Herzogtums in Jena zu holen, darunter die Philosophen Georg Wilhelm Friedrich Hegel (1770–1831) und Johann Gottlieb Fichte (1762–1814) sowie Friedrich Schiller (1759–1805). Ein Ereignis von weltpolitischer Tragweite bestätigte Goethe in seiner Entscheidung gegen die Politik und für die Kunst: Die Französische Revolution führte seit 1789 zu einem blutigen Bürgerkrieg in Frankreich und zu den sogenannten „Koalitionskriegen", die Goethe auch als Augenzeuge miterlebte. Im Privatleben führte Goethe seit seiner Rückkehr aus Italien eine Beziehung mit Christiane Vulpius, die jedoch bei der höfischen Gesellschaft nicht wohlgelitten war. Aufgrund der fehlenden gesellschaftlichen Akzeptanz für Christiane entschloss sich Goethe erst 1806 zur Heirat. Aus der Beziehung entstanden fünf Kinder, von denen allerdings nur der Sohn August das Kindbett überlebte.

Mit dem Jahr 1794 bahnte sich die Freundschaft zwischen Goethe und Schiller an, die 1799 noch enger wurde, als Schiller von Jena nach Weimar zog. Aus dem intensiven künstlerischen und menschlichen Austausch der beiden Ausnahmegestalten der deutschen Literatur entstand die Epoche der Weimarer Klassik, mit der Goethe und Schiller ihre Konsequenz aus der Französischen Revolution zogen: nachhaltige Entwicklung statt revolutionärer Umwälzungen! Der an antiken Vorbildern geschulten Kunst kam dabei die Aufgabe zu, die Menschen ästhetisch zu erziehen und so innerlich reif für dann folgende gesellschaftliche Entwicklungen zu machen. Goethes schriftstellerischer Ertrag dieser Zeit ist beeindruckend: Er schuf unter anderem den Bildungsroman „Wilhelm Meisters Lehrjahre" (1795/96), das Versepos „Hermann und Dorothea" (1797) sowie bis heute bekannte Balladen wie „Der Zauberlehrling" (1797/98). Als Schiller 1805 verstarb, verlor Goethe nicht nur den Freund, sondern auch sein kongeniales künstlerisches Gegenüber.

Die Weimarer Klassik

Schiller erlebte die von ihm ersehnte Fertigstellung des Dramas „Faust" nicht mehr. Immerhin gelang Goethe 1806 der Abschluss des ersten Teils, den er 1808 veröffentlichte. „Faust II" vollendete er erst 1831, also kurz vor sei-

Der alte Goethe

nem Tod. 1809 erschien der Roman „Wahlverwandtschaften", zu dem sich Goethe unter anderem durch seine Einsichten aus seinen naturwissenschaftlichen Forschungen inspirieren ließ. Einen weiteren künstlerischen Höhepunkt in dieser Zeit brachte das wachsende Interesse Goethes an Kultur und Religion des Vorderen Orients, das er in seinem Gedichtband „West-östlicher Diwan" (1819) verarbeitete. Außerdem trat für ihn immer mehr die Frage in den Vordergrund, wie er von der Nachwelt gesehen werden wollte. Mit dieser Intention verfasste er in mehreren Abschnitten seine künstlerische Autobiografie „Aus meinem Leben. Dichtung und Wahrheit", die ab 1811 schrittweise veröffentlicht wurde. Familiär wurde Goethe im Alter immer einsamer: Nach dem Tode seiner Frau 1816 starb 1830 auch sein einziger Sohn August. Am 22. März 1832 schließlich starb Johann Wolfgang von Goethe in Weimar.

Goethes Lebensthemen im Spiegel des Dramas „Faust I"

Goethe hat das Werk „Faust" einmal als „summa summarum" seines Lebens[1] und als Zusammenfassung seines Wirkens bezeichnet. Tatsächlich werden in diesem Drama zentrale Lebensthemen Goethes wie in einem Brennglas eingefangen.

Menschenbild Als Kind mit sechs Jahren erfährt Goethe von einer verheerenden Naturkatastrophe in Westeuropa, deren Wirkung er in seinen Lebenserinnerungen folgendermaßen darstellt: *„Durch ein außerordentliches Weltereignis wurde [...] die Gemütsruhe des Knaben zum ersten Mal im Tiefsten erschüttert. Am ersten November 1755 ereignete sich das Erd-*

---

[1] Brief Goethes an Herzog Karl August vom 16.02.1788, in: Dieck, Goethe über Faust, S. 5

beben von Lissabon, und es verbreitete über die in Frieden und Ruhe schon eingewohnte Welt einen ungeheuren Schrecken. [...] Der Knabe, der alles dies wiederholt vernehmen musste, war nicht wenig betroffen. Gott, der Schöpfer und Erhalter Himmels und der Erden, [...] hatte sich, indem er die Gerechten mit den Ungerechten gleichem Verderbens preisgab, keineswegs väterlich bewiesen. Vergebens suchte das junge Gemüt sich gegen diese Eindrücke herzustellen, welches überhaupt umso weniger möglich war, als die Weisen und Schriftgelehrten selbst sich über die Art, wie man ein solches Phänomen anzusehen habe, nicht vereinigen konnten."[1]

Tatsächlich waren die geistigen Schockwellen dieses Ereignisses mit mehreren Zehntausenden Toten überall in Europa zu spüren. Namhafte Vertreter der damaligen Geisteswelt, wie beispielsweise Kant[2], Lessing[3], Voltaire[4] und Rousseau[5], diskutierten die Frage, ob man überhaupt von einer guten Welt und einer gelungenen Schöpfung sprechen könne, wenn Gott solche Katastrophen zulasse. Die im Rahmen dieser Diskurse immer wieder gestellte Frage nach der Qualität der Schöpfung behandelt auch das Drama „Faust". Dabei übernimmt Goethe zwar verschiedene Aspekte der Schöpfungskritik: In der Szene „Prolog im Himmel" muss der Erzengel Michael in seinem Lobgesang zugestehen, dass die Natur auch eine zerstörerische Dimension hat. Aber trotz dieser kritischen Aspekte stellt Goethe auch sein Vertrauen auf die Sinnhaftigkeit der

---

[1] Goethe, Dichtung und Wahrheit, MA, Bd. XVI, S. 32–33
[2] Immanuel Kant (1724–1804): bedeutender deutscher Philosoph der Aufklärung
[3] Gotthold Ephraim Lessing (1729–1781): deutscher Schriftsteller der Aufklärung
[4] Voltaire (1694–1778): eigentlicher Name François-Marie Arouet, französischer Aufklärungsphilosoph
[5] Jean-Jacques Rousseau (1712–1778): französischsprachiger Schriftsteller und Pädagoge

menschlichen Existenz dar. So möchte Mephisto Gott den mangelhaften Zustand seiner Schöpfung nachweisen. Dieser wiederum bringt Faust als Prüfstein für die Qualität der Schöpfung ins Spiel: Er vertraut darauf, dass Faust aus eigener Kraft seinen Weg findet und seiner Bestimmung, dem inneren Streben und der unermüdlichen Aktivität, gerecht wird. Ein Scheitern ist für den Herrn (vgl. V. 323–329) im Sinne der Schöpfungsidee gar nicht vorgesehen. Faust rechtfertigt dieses Vertrauen seines Schöpfers, da er sich selbst gegenüber dem zerstörerischen Wirken Mephistos und trotz aller schuldhaften Verstrickungen „des rechten Weges wohl bewusst" (V. 329) bleibt. So will Mephisto Faust durch die Begegnung mit Gretchen zum sexuellen Genuss verführen, doch Faust lässt sein Streben keineswegs auf die Ebene des platten Konsums reduzieren. Er verliebt sich in Gretchen und widerlegt durch seine Gefühle Mephistos Weltsicht. „Mephisto schafft an – und Faust macht mehr daraus." Darin sieht der Literaturwissenschaftler Rüdiger Safranski nicht nur das Strickmuster der Handlung in beiden Teilen des Dramas „Faust", sondern geradezu das „Betriebsgeheimnis der Moderne"[1], die vom Glauben an den Fortschritt lebt. Und auch Mephisto bekennt sich als „[e]in Teil von jener Kraft,/Die stets das Böse will und stets das Gute schafft" (V. 1335f.). Mit anderen Worten: Selbst der große Verneiner Mephisto wird gegen seine Absicht zu einem dynamischen Faktor des Fortschritts. Damit bringt Goethe in seinem Drama „Faust" den Kern seines Menschenbildes auf den Punkt, der geprägt ist von aufgeklärtem Fortschrittsoptimismus und vom Vertrauen in die Sinnhaftigkeit der menschlichen Existenz.

Religion Das Drama „Faust" weist schon bei erster Betrachtung starke religiöse Bezüge auf. So kleidet Goethe in der Rah-

---

[1] Safranski, Goethe, S. 612

menhandlung seinen Aufklärungsoptimismus in die christliche Bildsprache einer Errettungsgeschichte: Gott und Teufel machen Faust zum Prüfstein für die Schöpfung und nach seiner Bewährung in den irdischen Prüfungen durch den Satan wird Faust am Ende des zweiten Dramenteils von Gott in den Himmel aufgenommen, ebenso wie auch Gretchen am Ende von „Faust I" die himmlische Gnade widerfährt. Aber Goethe spricht damit keineswegs für das traditionelle Weltbild des Christentums: Die im Drama „Faust" vertretene deistische Auffassung von einer vollkommenen und harmonischen Schöpfung schließt die Existenz des personifizierten Bösen in Gestalt des Teufels aus. Viel bedeutsamer als die religiöse Symbolik ist die Tatsache, dass sich im Stück persönliche Glaubensüberzeugungen des Autors spiegeln. Diese blieben zwar in einem lebenslangen Entwicklungsprozess – so begegnete der streng lutherisch erzogene Goethe in jungen Jahren der Frömmigkeit der Herrnhuter[1], in Italien lernte er den katholischen Glauben sowie dessen Riten kennen und noch im hohen Alter studierte er den Islam –, aber gewisse Konstanten sind auszumachen. So pflegte Goethe stets eine große Distanz zur Institution Kirche. Dies mag ihn dazu bewogen haben, Mephisto mehrfach beißende Kirchenkritik in den Mund zu legen, zum Beispiel in den Szenen „Auerbachs Keller" (vgl. V. 2126–2149) und „Spaziergang" (vgl. V. 2831–2840). Auch die Szene „Hexenküche" lesen viele Interpreten als Satire auf die Kirche und ihre Rituale, wenn der Teufel die christliche Lehre der göttlichen Dreifaltigkeit verspottet (vgl. V. 2560–2564) und die Verabreichung des Verjüngungstranks wie eine Parodie auf das christliche Abendmahl wirkt (vgl. V. 2577–2589). Vor allem aber scheint die Figur Faust von der religiösen Entwicklung Goethes inspiriert zu sein: So hat Goethe als

---

[1] Herrnhuter Brüdergemeine: christliche Glaubensgemeinschaft, die vor allem die persönliche Frömmigkeit des Einzelnen betont

Erwachsener ebenso seinen Kinderglauben verloren wie Faust (vgl. V. 765–778). Und wenn Faust in seiner Antwort auf die „Gretchenfrage" eine pantheistische[1] Grundhaltung zeigt, die sich im religiösen Gefühl offenbare (vgl. V. 3431–3465), so scheint dabei gleichzeitig die innere Überzeugung Goethes durch: Gott existiert für ihn, er offenbart sich aber keineswegs in religiösen Schriften und Institutionen. Vielmehr wirkt Gott in allen Dingen und offenbart sich den Menschen in der Natur.

Naturwissenschaft

Faust ist nicht nur ein Buchgelehrter, sondern auch ein experimenteller Forscher – seine Studierstube ist „[m]it Gläsern, Büchsen rings umstellt,/Mit Instrumenten vollgepfropft" (V. 406f.). Dieses Interesse teilt Faust mit seinem geistigen Schöpfer. Goethes Leistungen auf dem Felde der Naturwissenschaft sind bekannt: Als er in Weimar für Bergbau und Landwirtschaft Verantwortung trug, begann er, sich intensiv mit Gesteins- und Pflanzenkunde zu beschäftigen. Mit seiner 1790 verfassten botanischen Schrift „Versuch die Metamorphose der Pflanzen zu erklären" leistete er einen grundlegenden Beitrag zur vergleichenden Pflanzenmorphologie. Seine Arbeiten zur Farbenlehre stellten einen allerdings gescheiterten Versuch dar, die physikalischen Erkenntnisse Isaac Newtons[2] zu den Farben durch einen ganzheitlichen Ansatz zu widerlegen. Außerdem faszinierte Goethe die Anatomie. An einem menschlichen Embryo bewies er 1784 die Existenz des Zwischenkieferknochens, den man vorher nur bei Affen vermutete. Weniger bekannt ist die Tatsache, dass Goethe auch den Grenzbereich zwischen Wissenschaft und Magie auslotete. Als er als junger Mensch an einer rätselhaften Geschwulst am Hals erkrankt war, heilte ein gewisser Doktor Metz die Krankheit mithilfe von

---

[1] Pantheismus: Lehre, derzufolge das Göttliche gleichzusetzen ist mit der Natur und dem gesamten Kosmos (s. auch S. 63 in dieser Ausgabe)
[2] Isaac Newton (1643–1727): englischer Naturwissenschaftler

kristallinem Salz und weckte damit Goethes Interesse an der Welt der Chemie und Alchemie. Er studierte entsprechende Lehr- und Geheimschriften, in denen auch über das Wesen des Lebens und der Welt spekuliert wurde, und richtete sich sogar ein kleines Labor ein, in dem er praktische Versuche anstellte. Diese frühe Auseinandersetzung mit der Welt der Alchemie prägt auch das Drama „Faust", in dem die Alchemie ein durchgehendes Motiv bildet: Fausts Vater war Alchemist, er selbst sucht durch die Beschwörung des Erdgeists die Grenzen des naturwissenschaftlichen Wissens zu überschreiten und in der Szene „Hexenküche" wird mit Mitteln der Magie sogar ein Verjüngungstrank gebraut.

Goethe war keineswegs weltfremder Literat, sondern zeit seines Lebens ein kritischer Beobachter seiner Gegenwart, dessen spitze, bisweilen sogar verletzende Feder bei so manchem seiner Zeitgenossen gefürchtet war. Auch im Drama „Faust" kommt Goethes Vorliebe zur ästhetisch ver-

Zeitkritik

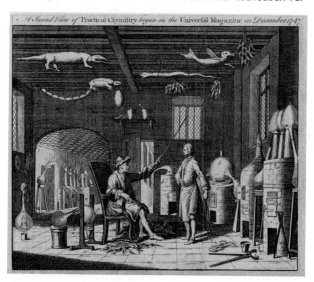

„A Second View of Practical Chymistry", 1747 – ein Blick in eine Studierstube des 18. Jahrhunderts

packten Zeitkritik immer wieder zum Vorschein. So stellte er mehrfach Themen der Politik in satirischer Weise dar. An erster Stelle ist die Szene „Auerbachs Keller" zu nennen, in der Mephisto einerseits die traditionelle Adelsherrschaft in Europa aufs Korn nimmt, andererseits aber auch vor den Gefahren einer unbeschränkten gesellschaftlichen Freiheit warnt – eine Mahnung, die durch den Verlauf der Französischen Revolution große Aktualität erhielt, als der Ruf nach „Freiheit, Gleichheit, Brüderlichkeit" in ein blutiges Terrorregime der Jakobiner umschlug. Auch die Szene „Hexenküche" zeigt ein allegorisches Spiel über ein machtlos gewordenes Königtum. Darüber hinaus übte Goethe in seinem Werk konkrete Sozialkritik. Gretchen wird zur Kindermörderin – ein in der damaligen Zeit gesellschaftlich verabscheutes, aber dennoch häufiges Verbrechen. Goethe geht es dabei nicht so sehr um Verurteilung der Täterin, sondern vor allem um das Aufdecken der gesellschaftlichen Zusammenhänge. Außerdem nutzte Goethe die Theaterbühne auch zur intellektuellen Auseinandersetzung mit Denkern seiner Zeit. So tritt in der Szene „Walpurgisnacht" der „Proktophantasmist"[1] auf – eine böse Satire auf den Aufklärungsphilosophen Friedrich Nicolai[2]. Dieser behauptete, durch Blutegel an seinem Hinterteil von Geistererscheinungen befreit worden zu sein, was ganz im Gegensatz zu seiner kompromisslosen rationalistischen Weltsicht stand. Für Goethe war Nicolai eine dankbare Zielscheibe, dem er dessen einstige Kritik an seinem Jugendwerk „Die Leiden des jungen Werthers" nicht verziehen hatte.

---

[1] Proktophantasmist: meint übersetzt in etwa „der, der am Hintern Gespenster sieht"
[2] Christoph Friedrich Nicolai (1733–1811): deutscher Schriftsteller und Kritiker

Stoffgeschichte

Die Lebensspuren der realen Faust-Gestalt sind spärlich. Ein Georgius Faust kam wahrscheinlich um das Jahr 1480 herum auf die Welt, wobei Knittlingen im heutigen Baden-Württemberg als sein Geburtsort anzunehmen ist. Der Name „Faust" war wohl selbst gewählt und leitet sich von lat. „faustus", der Glückliche, her, was zugleich auf einen gewissen akademischen Bildungshintergrund schließen lässt. Dieser Faust zog offenbar als geschäftstüchtiger Magier und Wahrsager durch die Lande, bis er 1540 im Breisgau starb. Um Fausts Person haben sich wohl schon zu seinen Lebzeiten düstere Anekdoten gerankt, die ihn und sein Tun in die Nähe der Unterwelt rückten. So bezichtigte ihn Martin Luther[1] des Paktes mit dem Teufel und Philipp Melanchthon[2] meinte von ihm zu wissen, er sei immer von einem schwarzen Hund begleitet worden, in dem der Teufel steckte. Solche Legenden verdichteten sich nach und nach zu volkstümlichen Erzählungen in Form der sogenannten „Volksbücher". Das berühmteste ist die „Historia von D. Johann Faust" des Frankfurters Johann Spies[3], der die Geschichte Fausts als moralische Warnung erzählt: Der Mensch, der übersinnliche Erkenntnis gewinnen will und mit dem Teufelspakt hochmütig seine Grenzen überschreitet, ist leichte Beute für den Teufel. Die in der Wahrnehmung Fausts zum Ausdruck kommende, teils hysterische Teufelsfurcht seiner Zeitgenossen war vor allem eine Reaktion auf die gewaltigen Umwälzungen und Entdeckungen, die den Übergang vom Mittelalter zur Neuzeit prägten, beispielsweise die Ablösung des traditionellen geozentrischen Weltbildes durch

Der historische Faust

Faust als Teufelsbündner

---

[1] Martin Luther (1483–1546): Theologe und Begründer der Reformation
[2] Philipp Melanchthon (1497–1560): Humanist und bedeutender Theologe der Reformation
[3] Johann Spies (um 1540–1623): deutscher Verleger

Kopernikus, der den Nachweis erbrachte, dass sich die Erde um die Sonne bewegt, die Ermöglichung einer globalen Perspektive durch Kolumbus' Entdeckung Amerikas 1492, die Medienrevolution durch Gutenbergs Erfindung des Buchdrucks, das neue Interesse am diesseitigen Leben in Humanismus und Renaissance. Die Kehrseite all dieser Umbrüche war eine massive Verunsicherung der Menschen in ihren bisherigen religiösen Gewissheiten. Während Teufelserzählungen aus dem Mittelalter von der Überzeugung inspiriert waren, der Mensch könne durch Buße und Reue auf göttliche Gnade und Rettung hoffen, dominierte jetzt mehr und mehr die theologische Lehre der Reformation, derzufolge der Mensch der Sünde verfallen sei und deshalb der Teufel jederzeit Macht über ihn bekommen könne.

Faust als Stoff für die Bühne

Über die Volksbücher gelangte die „Faust"-Legende auch nach England. Dort verarbeitete der Schriftsteller Christopher Marlowe[1] den Stoff zu einem Theaterstück, distanzierte sich jedoch von der moralischen Perspektive. In seinem Werk „The Tragicall History of the Life and Death of Doctor Faustus", erstmals erschienen 1604, entwickelte er vielmehr eine positive Sicht auf Faust, der als selbstbewusster Kraft- und Machtmensch dem Teufel die Stirn bietet und in seinem Streben nach unbeschränktem Weltgenuss das Selbstbewusstsein der Neuzeit repräsentiert. Marlowes neuartige Interpretation fand durch umherziehende Theatergruppen, sogenannte „Wanderbühnen", wiederum den Weg zurück in den deutschsprachigen Raum, wobei der Stoff zunehmend banalisiert und die Aufführungen auf oberflächliche Effekthascherei hin ausgerichtet wurden. In Form von Puppenspielen wurde „Faust" zu einem Stück für Kinder – Goethes erste Begegnung mit „Faust" fand wohl durch ein solches Marionettentheater statt. Die von Marlowe begründete positive Lesart der Faust-Figur wurde auch vom Dramatiker

---

[1] Christopher Marlowe (1564–1593): englischer Dramatiker und Dichter

Lessing aufgegriffen, der in Entwürfen zu einem „Faust"-Stück den Protagonisten im Lichte der Aufklärung interpretierte: Nicht sein Wissensdrang an sich sei zu verdammen, vielmehr stelle sein Streben keine religiöse Verfehlung dar, sondern müsse nur sinnvoll kanalisiert und begrenzt werden, um nicht zum Laster und Selbstzweck zu werden.

Entstehungsprozess des Dramas „Faust I"

Als Goethe die ersten Arbeiten am Drama „Faust" beginnt, ist er Anfang zwanzig. Als er den ersten Teil des Werks vollendet, ist er Mitte fünfzig. Damit ist das Stück ein echtes „Lebensthema"[1] seines Schriftstellerlebens, in dem sich seine künstlerische Entwicklung wie in keinem anderen Werk widerspiegelt.

Goethes Arbeit an „Faust I" lässt sich in drei größere Phasen einteilen. Die erste Phase fällt in die Zeit zwischen 1772 und 1775 und dürfte wesentlich von einer besonderen biografischen Erfahrung beeinflusst gewesen sein. Im Januar 1772 wurde in Frankfurt die Kindsmörderin Susanna Margaretha Brand hingerichtet, die als Verteidigung angab, der Teufel selbst habe sie zu ihrer Tat angestiftet. Goethe hat nicht nur die Prozessakten gründlich studiert und die Hinrichtung selbst vor Ort verfolgt, sondern er war sogar mit einigen am Prozess und der Hinrichtung Mitwirkenden bekannt, teils sogar verwandt. Unzweifelhaft bildete das Schicksal Susanna Brands das Vorbild für die Figur Gretchen und die Annahme scheint realistisch, dass die Kerkerszene die erste Szene war, mit der Goethe seine Arbeit am Werk begonnen hat. Am Ende dieser Schaffensperiode steht ein erster, allerdings nicht veröffentlichter Entwurf, der als „Urfaust" bezeichnet wird

Entstehungsphasen

---

[1] Safranski, Goethe, Kunstwerk des Lebens, S. 602

und in dem bereits der Kern der Gelehrten- und der Gretchentragödie in Prosaszenen ausgeführt ist. Die zweite Entstehungsphase wird durch Goethes erste Reise nach Italien (1786–1788) eingeläutet. Er arbeitet den „Urfaust" inhaltlich um, erweitert die Vorlage und schreibt sie – ganz im Geiste der Klassizität, der Goethe in Italien nachspürte – in Verse um. Allerdings nimmt er zugleich den Schluss der Gretchentragödie aus dem Werk heraus, offenbar weil er noch keine Möglichkeit sieht, das tragische Ende Gretchens in Einklang mit der ästhetischen Wirkabsicht der Weimarer Klassik zu bringen. Diese Version erscheint 1790 unter dem Titel „Faust. Ein Fragment" im Druck. Die dritte Phase fällt in den Zeitraum ab 1797 und damit in die Hochphase der Freundschaft zwischen Goethe und Schiller, wobei das Drängen des Freundes auf Fertigstellung des Werkes ein wichtiger Antrieb für Goethe war, den ersten Teil seines Dramas fertigzustellen. Dabei stellte er dem Werk die drei Prologe und damit einen dreifachen Rahmen voran und schafft aus zahlreichen Einzelteilen ein zusammenhängendes Werk, das 1806 abgeschlossen und 1808 erstmals veröffentlicht wurde. Ab diesem Zeitpunkt beschäftigt sich Goethe mit dem zweiten Teil des Dramas, den er jedoch erst im Sommer 1831 und damit nicht einmal ein Jahr vor seinem Tod abschloss.

Die Wurzeln vom Drama „Faust I" im Sturm und Drang

Im Sturm und Drang, einer literarischen Bewegung, die gegen erstarrte literarische Konventionen anschrieb und als Gegenentwurf zum Rationalismus der Aufklärung auf Gefühl und Leidenschaft setzte, war der „Faust"-Stoff sehr populär. Friedrich Müller[1] veröffentlichte 1778 ein „Faust"-Drama, Friedrich Maximilian Klinger[2] brachte einen „Faust"-Roman zu Papier. Auch der junge Goethe verfasste seinen ersten Entwurf zum Drama „Faust", den sogannten „Urfaust", ganz im

---

[1] Friedrich Müller (1749–1825): deutscher Schriftsteller und Künstler
[2] Friedrich Maximilian Klinger (1752–1831): deutscher Schriftsteller, der mit seinem Theaterstück „Sturm und Drang" der Epoche den Namen.

Geiste des Sturm und Drang. Diese Wurzeln prägen auch die Fassung „Faust I": Faust ist nämlich ein Sturm-und-Drang-typischer Kraftkerl, der sich im Vertrauen auf die eigene Stärke gegen alle Grenzen auflehnt. Seine Liebesbeziehung zu Gretchen ist eine Geschichte der starken Gefühle, die sich in einer leidenschaftlichen, intensiven Sprache ausdrücken („Ergreif mein Herz, du süße Liebespein", V. 2689). Auch sonst ist die sprachliche Gestaltung des Dramas vom „Sound" der Stürmer und Dränger geprägt, wie die teils derben Kraftausdrücke („Uns ist ganz kannibalisch wohl./Als wie fünfhundert Säuen!", V. 2293f.) beweisen. Außerdem greift Goethe immer wieder auf den Knittelvers (vierhebige Jamben mit freier Reimgestaltung, z. B. V. 354–357) zurück, der eigentlich aus der Literatur der frühen Neuzeit stammt und im Sturm und Drang wiederbelebt wurde. Die Szene „Trüber Tag" ist sogar noch in der ursprünglichen Prosafassung aus dem „Urfaust" in „Faust I" übernommen worden. In gleicher Weise wie die Sprache trägt auch die Dramenkonzeption Impulse des Sturm und Drang weiter: So wird die dramatische Form aufgebrochen; weder verfügt das Stück über eine Einteilung in Akte noch wird die noch auf das antike Theater zurückgehende Lehre von den „drei Einheiten" des Aristoteles (Handlung, Ort, Zeit) berücksichtigt, wie die komplexe Handlungsstruktur, die Vielheit der Spielorte und die sprengende Zeitstruktur deutlich machen – allein die Gretchenhandlung erstreckt sich auf mindestens ein Jahr gespielter Zeit! Darüber hinaus verweisen die komödienhaften Elemente in „Faust I" auf eine beliebte Dramenform im Sturm und Drang und gleichzeitig auf eine frühe Vorliebe Goethes, der schon in jungen Jahren mehrere Komödien (darunter „Die Laune des Verliebten", 1768) verfasst und in seinem Schauspiel „Götz von Berlichingen" bereits meisterhaft tragische mit komischen Elementen gemischt hat.

Im Wesentlichen jedoch ist „Faust I" ein Drama der Weimarer Klassik, also einer Epoche, die von der künstlerischen und

Das Drama „Faust I" und der Geist der Weimarer Klassik

persönlichen Freundschaft zwischen Goethe und Friedrich Schiller geprägt war. Die beiden Dichter propagierten, aufgeschreckt durch die blutigen Ereignisse der Französischen Revolution, als ästhetisches Ideal die Erziehung sowohl des Einzelnen als auch der gesamten Gesellschaft zur Humanität und zur Harmonie, wobei man sich auf antike Vorbilder berief. Dieses optimistische Menschenbild verkörpert in ganz besonderer Weise Faust, der trotz der Anfechtungen durch Mephisto seiner inneren Bestimmung, dem steten Streben nach Höherem, treu bleibt und damit Gott zum Beweis für die Sinnhaftigkeit der Schöpfung dient. Auch Gretchen ist eine Figur der Weimarer Klassik, und zwar in zweifacher Hinsicht: Zum einen repräsentiert sie als Gefühlsmensch die innere Harmonie und Übereinstimmung mit sich selbst, die Goethe und Schiller als Defizit des modernen Menschen beschreiben. Zum anderen erkennt sie als Ursache für ihr Unglück – Kerker und Todesstrafe – die eigene sittliche Verfehlung – den Kindsmord – und nimmt deshalb ihre Strafe aus innerer Überzeugung an. Damit wird sie, in den philosophischen Kategorien Friedrich Schillers gesprochen, eine „schöne Seele", weil sie ihre „Pflicht" (= die Strafe) mit ihrer „Neigung" (= Annehmen der Schuld) in sich zur Deckung bringt. Zur Darstellung solcher inneren Konflikte, wie sie Faust und Gretchen austragen, ist die Tragödie besonders geeignet, die geradezu zur Leit-Kunstform der Weimarer Klassik wurde. Auch das Drama „Faust" wurde von Goethe ausdrücklich mit dem Untertitel „Tragödie" versehen. Zu den tragischen Elementen des Stücks gehört das Scheitern Fausts an seinen eigenen Grenzen ebenso wie das Schuldigwerden Gretchens aus Liebe. Dabei stellen der gute Handlungsausgang für Gretchen – sie ist zwar zum Tode verurteilt, erfährt aber von Gott Vergebung – im ersten und für Faust im zweiten Teil keinen Widerspruch zur tragischen Form dar, denn für Goethe implizierte die Kunstform Tragödie keineswegs zwangsläufig eine Schlussszene mit einem schrecklichen Finale;

auch das Drama „Iphigenie auf Tauris" endet bekanntlich glücklich. Die klassische Inspiration des Werks „Faust I" zeigt sich schließlich auch in der sprachlichen Gestaltung. Faust spricht stellenweise im Blankvers (vgl. z. B. V. 3217–3250), ein ungereimter fünfhebiger Jambus und bekannt als das Versmaß des klassischen Dramas schlechthin. Der Chor der Geister in Fausts Studierzimmer wiederum bedient sich des sogenannten „adonischen Verses" (vgl. V. 1447–1505), der aus einem Daktylus und einem Trochäus besteht und als antike Kurzstrophe den ästhetischen Bezug der Weimarer Klassik zur Antike unterstreicht.

Neben der Dominanz der klassischen Kunstsicht öffnet Goethe sein Drama zugleich ästhetischen Anregungen, die aus der zu Beginn des 19. Jahrhunderts immer mehr in den Vordergrund tretenden Epoche der Romantik stammen. Dies zeigt sich vor allem in der werkinternen Selbstreflexion über das Wesen des Theaters. Vergleichbar mit Ludwig Tiecks[1] Werk „Der gestiefelte Kater", dessen Rahmenhandlung die Erwartungen der Zuschauer an das Stück thematisiert, legt Goethe in der Szene „Vorspiel auf dem Theater" die wirtschaftlichen Abhängigkeiten und ästhetischen Einschränkungen einer Theaterproduktion offen. Darüber hinaus finden sich in „Faust I" typische Motive und Themen des romantischen Weltbildes. Dies gilt beispielsweise für die christlichen Bezüge, wie sie der „Prolog im Himmel" demonstriert, genauso wie für das verstärkte Interesse Goethes an der „dunklen Seite" der Glaubenswelt, an der Magie und an den Hexen, die die Szene „Walpurgisnacht" bevölkern. Darunter befindet sich die Trödelhexe, deren Kramgegenstände an Fausts Schuld gegenüber Gretchen erinnern (vgl. V. 4104–4107) – auch dieses Aufzeigen symbolischer Sinnbezüge ist ein typisch „romantischer" Kunstgriff, ebenso wie

Das Drama „Faust I" und die Öffnung für Impulse der Romantik

---

[1] Ludwig Tieck (1773–1853): Schriftsteller und Philosoph, einer der Hauptvertreter der deutschen Romantik

die dunklen Ahnungen, die Faust auf dem Blocksberg überfallen (vgl. V. 4183–4188, 4195–4198). Allerdings bleibt Goethe auch auf Abstand zur Weltsicht der Romantik: So richtet Faust in seiner Gelehrtenstube einen sehnsuchtsvollen Blick auf den nächtlichen Mond (vgl. V. 386–397) – ebenfalls ein Motiv der Romantik –, doch er entscheidet sich nicht für eine Flucht in die Fiktionalität der Literatur, wie es die Romantiker tun würden, sondern für das reale Erleben.

Rezeption

„Faust" als meistrezipiertes Drama

Bei Goethes „Faust" handelt es sich um eines der am häufigsten rezipierten Dramen in der deutschen Literaturgeschichte. Das Stück gehört in jeder Saison zu den meistgespielten Klassikern auf deutschsprachigen Bühnen.[1] Zahlreiche Autoren von Theodor Vischer über Bertolt Brecht bis zu Elfriede Jelinek haben mit ihren Werken in unterschiedlicher Weise – zitierend, weiterschreibend, parodierend – an Goethes Vorbild angeknüpft, bedeutende Komponisten wie Ludwig van Beethoven über Richard Wagner bis zu Paul Dessau haben sich zu musikalischen Interpretationen inspirieren lassen, Regisseure wie Friedrich Wilhelm Murnau, Ingo Biermann oder Alexander Sokurow haben den Stoff verfilmt. Im Folgenden soll versucht werden, erste Orientierungspunkte in der kaum überschaubaren Rezeptionsgeschichte des Stücks zu setzen.

Die Rezeption des Werks ...

Schon vor Goethe genossen die Geschichten um Faust und seinen Pakt mit dem Bösen in Deutschland traditionell große Popularität. Bereits im 18. Jahrhundert sprach man von einer „Nationallegende"[2], der man besondere Aussa-

---

[1] So lag das Werk in der Spielzeit 2011/12 in der Sparte „Schauspiel" auf Platz 2 hinter einem Modestück und war damit der meistgespielte klassische Text. (Pressemeldung des Deutschen Bühnenvereins, 15.08.2013
[2] zitiert nach Schmidt, Goethes Faust, S. 306

gekraft über das „Wesen" der Deutschen zumaß. Doch mit Goethes Bearbeitung des Dramas „Faust" bekamen das allgemeine Interesse sowie die gedankliche Tiefe der intellektuellen Auseinandersetzung um die Deutung Fausts eine neue Dimension. Dies war auch, aber keineswegs nur der außerordentlichen literarischen Qualität des Werks geschuldet. Vielmehr traf Goethe gleich in zweifacher Hinsicht den Nerv seiner Zeitgenossen.

Zum einen rief sein Werk ein großes Echo bei den Vertretern der literarischen Romantik hervor. Im Drama „Faust" fanden die Romantiker ihr künstlerisches Credo verwirklicht, dass ein Künstler authentische Stoffe und Gestalten der volkstümlichen Überlieferung „poetisieren", also künstlerisch verarbeiten sollte.

... durch die Romantiker ...

Zum anderen bot die Figur Faust auch eine politische Identifikationsfläche: Zwei Jahre, bevor Goethe 1808 sein Drama veröffentlichte, hatte Napoleon das Heilige Römische Reich Deutscher Nation zerschlagen. Eine neue staatliche Klammer zwischen den deutschen Einzelstaaten, die zudem das aufkeimende Bedürfnis der Deutschen nach nationaler Einheit gestillt hätte, war nur im Falle einer Niederlage Napoleons denkbar – der Sieg einer Militärkoalition um Österreich und Preußen gegen Frankreich in der Völkerschlacht bei Leipzig 1813 war auch ein Weckruf für die Nationalbewegung in Deutschland. Seit dieser Zeit begleitete die Kunstfigur Faust die primär vom Bildungsbürgertum getragenen nationalen Einheitsbestrebungen in Deutschland als Vorbild für Tüchtigkeit, Tatkraft und hohe Ideale. Diese nationalpolitische Interpretation des Dramas wurde jedoch mit einer perspektivischen Verengung und intellektuellen Verflachung bezahlt: Als Kernstelle diente allgemein der fünfte Akt in „Faust II", in dem Faust als Kolonisator im großen Stil agiert, ohne die Folgen seines Handelns für die Menschen zu beachten. Zur Zeit des Deutschen Kaiserreichs diente diese Seite des faustschen Han-

... und die Nationalbewegung

delns sogar dazu, die Kolonialpolitik des Reichs zu legitimieren.

Missbrauch durch den Nationalsozialismus

In den Dreißiger- und Vierzigerjahren des zwanzigsten Jahrhunderts versuchte der Nationalsozialismus, die Figur Faust für die eigene Ideologie zu missbrauchen. Seine Worte „Im Anfang war die *Tat*" (V. 1237) wurden als Vorwegnahme des „Herrenmenschen" der NS-Ideologie und des „Führerprinzips" Adolf Hitlers gedeutet, Fausts koloniale Bestrebungen verstand man vor dem Hintergrund der eigenen Weltmachtansprüche, ohne das Scheitern Fausts an seinem Größenwahn zu durchschauen. Ganz gegen diese Deutung entzauberte Wilhelm Böhm in seinem 1933 erschienenen Werk „Faust der Nichtfaustische" den ideologischen Kult um den Tatmenschen Faust und machte deutlich, dass das faustische Prinzip vor allem eines bringt: Schaden für die Menschheit. Klaus Mann (1909–1949) wiederum veröffentlichte 1936 im Exil in Holland seinen Roman „Mephisto": Ein Schauspieler namens Hendrik Höfgen, der auf der Bühne vor allem in der Rolle des Mephisto aus Goethes Drama „Faust" glänzt, stellt sich in den Dienst der nationalsozialistischen Machthaber und muss schließlich erkennen, dass er damit im wirklichen Leben einen Pakt mit dem Teufel geschlossen hat. In der Figur Hendrik Höfgen stellte Klaus Mann den Künstler Gustaf Gründgens, dar, der von 1926 bis 1929 mit seiner Schwester Erika verheiratet war und den er mit seinem Roman als Günstling Hermann Görings und als Nutznießer der NS-Kulturpolitik bloßstellte.

Die „Faust"-Rezeption in der frühen Bundesrepublik

Die Zeit für eine kritische Sicht auf den ideologisierten Faust war erst nach dem Zweiten Weltkrieg gekommen: Im Bedürfnis, die durch den Nationalsozialismus verursachte Katastrophe zu verstehen, begründeten jetzt viele das Versagen und den Untergang der deutschen Kultur mit dem angeblich „faustischen Wesen" des deutschen Volkes, das, ebenso wie Faust am Ende des zweiten Dramenteils, der

Rettung durch himmlische Mächte, also der Rückbesinnung auf die Werte des Christentums, bedürfe. Die Aufarbeitung des Nationalsozialismus wurde auch für Thomas Manns (1875–1955) Roman „Doktor Faustus", erschienen 1947, bestimmend. Der Komponist Adrian Leverkühn stößt an die Grenzen seiner musikalischen Schaffenskraft und geht deshalb einen Pakt mit dem Teufel ein. Am Ende seines Lebens bezahlt Leverkühn sein unbedingtes Streben nach dem Überschreiten aller Grenzen damit, dass er zum Teufel gehen muss – die Anspielungen auf die Verführbarkeit der Deutschen durch Hitler lagen für die Zeitgenossen auf der Hand. Dabei bezog sich Mann ausdrücklich nicht auf Goethes Drama „Faust" und den optimistischen Ausgang des Werks, sondern auf das „Volksbuch" von Johannes Spies und damit auf eine Faust-Figur, die nicht auf Rettung hoffen darf, sondern untergeht.

Ein neuer, moderner Blick auf das Drama „Faust" wurde 1957 mit der bis heute legendären Aufführung des Deutschen Schauspielhauses in Hamburg begründet. Gustaf Gründgens, zu dieser Zeit Generalintendant in Hamburg, inszenierte keinen blutleeren Klassiker, sondern holte die „Faust"-Erzählung in die Gegenwart. An dieser Absicht ließ schon das ansonsten sehr reduzierte Bühnenbild keinen Zweifel: In der Gelehrtenstube steht das Großmodell eines atomaren Moleküls und in der Szene „Walpurgisnacht" steigt ein Atompilz in die Höhe. Die Botschaft dieser Anspielungen auf das Atomzeitalter war klar: Der Wissenschaftler Faust, dargestellt durch Wilhelm Quadflieg, strebt mithilfe Mephistos, gegeben von Gründgens selbst, über die Grenzen des Wissens und gefährdet damit die Grundlagen der menschlichen Existenz.

<small>Moderne Inszenierungen</small>

Die von Gründgens vorgemachte zeitkritische Dimension inspiriert bis heute die Aufführungspraxis des Stücks. 2011 inszenierte Nicolas Stemann in Salzburg eine über acht Stunden dauernde Gesamtaufführung beider Teile des

Dramas und setzte dabei den Akzent auf die Kritik an der Globalisierung, am Teufelskreis der Konsumindustrie und am kapitalistischen System des Geldkreislaufs. Zwei Jahre später brachte Hasko Weber am Weimarer Nationaltheater die negative Seite Fausts auf die Bühne, indem er die Hauptfigur als tatkräftigen, entschlossenen „Macher" zeigt, der freilich durch sein Handeln gegenüber Gretchen auch ohne Weiteres zwischenmenschliche Bindungen vernichtet.

Gustaf Gründgens in der Rolle des Mephisto und Will Quadflieg in der Rolle des Faust in der 1960 hergestellten Fernsehfassung der Inszenierung des Hamburger Schauspielhauses

Das Drama „Faust I" in der Schule

Der Blick auf die Figuren: Die Personencharakterisierung

Eine literarische Figur charakterisieren – Tipps und Techniken

In einer literarischen Charakterisierung analysiert man neben den äußeren Merkmalen besonders die inneren Wesenszüge einer literarischen Figur. Auf diesem Wege gelangt man zu einer Gesamtinterpretation der Figur. Sämtliche Elemente der Charakterisierung – äußere Merkmale, charakterisierende Aussagen sowie weiterführende Deutungen – basieren auf der Textvorlage. Bei einem dramatischen Text ist es dabei wichtig, nicht nur die Figurenreden zu untersuchen, sondern auch die Regieanweisungen. Durch direkte und indirekte Textbelege lassen sich die Aussagen über die zu charakterisierende Figur in nachvollziehbarer Weise begründen.

Für die Erarbeitung einer literarischen Charakterisierung können unter anderem folgende Aspekte und Leitfragen von Bedeutung sein:

1. Personalien und sozialer Status
- Was erfahren wir über Name, Geschlecht, Alter und Beruf der Figur?
- Werden auffällige äußere Merkmale beschrieben?
- Wie stellen sich Lebensverhältnisse und das soziale Umfeld der Figur dar?
- Gibt es Informationen zur Vorgeschichte der Figur?

2. Wesentliche Charaktereigenschaften
- Zeigt die Figur typische Verhaltensweisen und Gewohnheiten?
- Was sind ihre hervorstechenden Wesensmerkmale und Charakterzüge?
- Welche Umstände prägen und bestimmen ihre Existenz?
- Welches Bild hat die Figur von sich selbst?
- Welche inneren Einstellungen, welches Weltbild hat sie?
- Zeigt die Figur eine Veränderung in ihren äußeren Merkmalen beziehungsweise eine innere Entwicklung?
- Wie wird sie durch die anderen Figuren wahrgenommen?
- Welcher Art sind die Beziehungen zwischen ihr und anderen Figuren?

3. Sprachgebrauch und Sprachverhalten
- Wie kann man den Sprachgebrauch der Figur allgemein beschreiben (Sprachebene, Sprachstil)?
- Welche Auffälligkeiten lassen sich auf Satz- und Wortebene erkennen (Satzbau, Wortwahl, …)?
- Welche kommunikativen Aussagen werden durch die nonverbale Kommunikation (Gestik, Mimik, Körperhaltung) transportiert?
- Welches Gesprächsverhalten, welche Gesprächsstrategien verfolgt die Figur?

4. Zusammenfassende Bewertung
- Wie lässt sich die Funktion der Figur für das Drama beschreiben?
- Welche Gesamtdeutung der Figur ergibt sich aus den gewonnenen Erkenntnissen?

Diese Zusammenstellung dient als „Checkliste" für die Er-arbeitungsphase der Charakterisierung.
Die folgenden Kurzcharakterisierungen der wichtigsten Figuren des Dramas bieten die wesentlichen inhaltlichen Anhaltspunkte für die Gestaltung einer Charakterisierung.

Faust

Doktor Heinrich Faust ist ein in allen Wissenschaften bewanderter Gelehrter (vgl. V. 354–358). Sein Vater war Alchemist (vgl. V. 1034) und als quacksalbernder Arzt tätig (vgl. V. 997–1000, 1038–1055). Der Wissenschaftler Faust genießt höchstes Ansehen: Viele Studenten lassen sich von ihm unterrichten (vgl. V. 361–363), die Bevölkerung verehrt ihn (vgl. V. 981–984, 1011–1021). Da er die meiste Zeit forschend in seiner Studierstube verbringt (vgl. V. 388f.), beschränkt sich sein soziales Umfeld auf seinen Gehilfen Wagner, der mit ihm offenbar unter einem Dach wohnt (vgl. Regieanweisung, S. 22). Außerdem kann angenommen werden, dass Faust sich in einem fortgeschrittenen Alter befindet – seine jungen Jahre liegen wohl drei Jahrzehnte zurück (vgl. V. 2341f.).

1. Personalien und sozialer Status

Bei seinem ersten Auftritt zieht Faust eine ernüchternde Bilanz über sein bisheriges Leben: „Es möchte kein Hund so länger leben!" (V. 376) Auslöser für diese Lebenskrise ist die für Faust bittere Erkenntnis, dass er zwar als Gelehrter allen anderen haushoch überlegen ist (vgl. V. 366f.), er aber trotz seiner ganzen Gelehrsamkeit nicht froh geworden ist: So hat er sich keinen nennenswerten Wohlstand erarbeitet (vgl. V. 374) und vor allem konnte er mit den Mitteln der Wissenschaft nicht zum Kern der menschlichen Erkenntnis- und Erfahrungsmöglichkeiten vorstoßen (vgl. V. 382f.). Fausts Lebensfrust entlädt sich in seinem Hass auf sein bisheriges Dasein als einsamer Buchgelehrter (vgl. V. 385,

2. Wesentliche Charaktereigenschaften
2.1 Verzweiflung

402) und auf seine Gelehrtenstube – bislang Mittelpunkt seiner Existenz (vgl. V. 409), jetzt beengender „Kerker" (V. 398), in dessen Mauern er sich keine höhere Erkenntnis mehr erhofft (vgl. V. 660) und aus dem er nur noch fliehen möchte (vgl. V. 418). Entsprechend kommentiert er im Lichte seiner Einsichten die fortbestehende Wissenschaftsgläubigkeit seines Gehilfen Wagner mit Verachtung (vgl. V. 602–605). Für Faust steht inzwischen fest, dass man nur im direkten Kontakt zur „lebendigen Natur" (V. 414) einen ganzheitlichen Zugang zu den Geheimnissen der menschlichen Existenz finden kann.

2.2 Stetes Streben nach Grenzüberschreitung

Das Streben, die materiellen Beschränkungen seines Menschseins zu überschreiten und den höchsten Dingen nahezukommen, ist ein bezeichnender Wesenszug Fausts – in dieser Einschätzung sind sich keine Geringeren als Gott und der Teufel einig (vgl. V. 300–307, 317). Dieses Streben paart sich im Charakter Fausts mit einem außerordentlichen Selbstbewusstsein. Faust fürchtet sich „weder vor Hölle noch Teufel" (V. 369) und er fühlt sich stark genug, mithilfe der Magie die Geisterwelt anzurufen. Nach dem Scheitern seines Versuchs, den Erdgeist zu beschwören (vgl. V. 460–517), unternimmt er sogar einen, freilich vergeblichen, Selbstmordversuch (vgl. V. 686–736), um seine körperlichen Grenzen zu sprengen (vgl. V. 703–705). Damit entspricht Faust der im „Prolog im Himmel" vertretenen Schöpfungsidee, weil er trotz aller Rückschläge nicht die Überzeugung verliert, in seinem Streben niemals müde zu werden. Diese subjektive Sicherheit zeigt sich deutlich in der Wettszene mit dem Teufel (vgl. V. 1653–1840): Mephisto will Faust im hiesigen Leben zu Diensten stehen und ihn auf diesem Wege zur Selbstzufriedenheit verführen – dann würde der Teufel seine Wette mit Gott gewinnen, weil er bewiesen hätte, dass der Mensch letztlich zum niederen Dasein bestimmt ist. Faust geht mit überlegener Geste auf das Angebot des Teufels ein, denn er ist überzeugt, dass Mephisto gar nicht in der Lage ist, sein Ziel zu erreichen. Und: Sollte wider Erwarten das innere Streben Fausts tatsächlich vollständige Befriedigung finden, dann hat er auf diese Weise seinen eigentlichen Lebenssinn erfüllt und braucht deshalb die Folgen der Vereinbarung mit dem Teufel erst recht nicht zu fürchten. Insgesamt wird klar, dass Fausts unermüdliches Streben nach Höherem geradezu den unveränderlichen Wesenskern seiner Existenz ausmacht.

Dem Streben nach der höchsten Erfüllung entspricht die Ichbezogenheit, die es Faust schwer macht, auf andere Menschen einzugehen und ihnen mit Wahrhaftigkeit gegenüberzutreten. Dies zeigt sich besonders deutlich in seiner Beziehung zu Gretchen. Bei ihrem ersten Aufeinandertreffen nimmt Faust Gretchen ausschließlich als Objekt seines eigenen sinnlichen Begehrens wahr (vgl. V. 2609–2618). Für Faust geht es dabei zunächst vor allem um die sexuelle Verführung (vgl. V. 2642–2644) und um das egoistische „[H]aben" (V. 2667). Aber auch als Faust tiefere Gefühle für Gretchen empfindet (vgl. V. 2689f.) und er ihr sogar seine Liebe eröffnet (vgl. V. 3185), ist er letztlich nicht fähig, sich für eine echte Beziehung zu öffnen. Gretchen zahlt einen hohen Preis für ihre Liebe: Sie verliert ihre Mutter durch ein Schlafmittel, Faust tötet ihren Bruder und außerdem wird sie von Faust schwanger, doch dieser lässt sie im Stich. Erst als Gretchen im Wahn ihr Neugeborenes tötet und dafür die Todesstrafe erwarten muss, regt sich das schlechte Gewissen in Faust (vgl. V. 4195–4198). Dennoch steht er auch jetzt nicht zu seiner Verantwortung und versucht, die Schuld am Schicksal Gretchens Mephisto zuzuschieben (vgl. Szene „Trüber Tag"). Damit entspringt auch Fausts Plan, Gretchen aus dem Kerker zu befreien, nicht echter Liebe. Gretchen spürt bei ihrer letzten Begegnung (vgl. Szene „Kerker") unmittelbar, dass Faust ihr gegenüber nichts mehr empfindet (vgl. V. 4493–4496), und

2.3 Egoismus

entschließt sich, nicht zu fliehen, sondern ihre Strafe anzunehmen.

3. Sprachgebrauch und Sprachverhalten

Fausts Wesen prägt auch sein Kommunikationsverhalten. Seine oftmals sehr leidenschaftliche Sprache verrät einen stets vorwärtsdrängenden Charakter: „Wo fass ich dich, unendliche Natur?" (V. 455) Existenzielle Situationen hebt er durch eine pathetische Wortwahl heraus. So kommentiert er mit einem geradezu hymnischen Lobpreis der Giftphiole (vgl. z. B. V. 690–695) sein Vorhaben, sich das Leben zu nehmen. Die Wahl des Blankverses unterstreicht dabei zusätzlich den feierlichen Charakter seiner Entscheidung. Außerdem transportiert Faust mit seinen Äußerungen ein geradezu unerhörtes Selbstbewusstsein. So bezeichnet er sich zwei Mal, im Zusammenhang mit der Beschwörung des Erdgeists und mit seinem Selbstmordversuch, als „Ebenbild der Gottheit" (V. 516, 614). Dem Erdgeist bietet er die Stirn mit einer Selbstaussage, die höchste Ambitionen offenbart: „Ich bin's, bin Faust, bin deinesgleichen!" (V. 500) Auch bei der Verarbeitung von Fehlschlägen will Faust innere Größe zeigen, dann aber im tragischen Ton des völligen Scheiterns: „Ein Donnerwort hat mich hinweggerafft." (V. 622) Oder auch: „Dem Wurme gleich ich, der den Staub durchwühlt" (V. 653). Die Kehrseite seines ausgeprägten Selbstbewusstseins ist die Überheblichkeit im Umgang mit anderen Menschen. So behandelt er seinen Gehilfen Wagner mit herablassendem Spott und mit Ironie (vgl. V. 522–601). Auch gegenüber Gretchen vermeidet er den offenen Dialog: Als Gretchen ein religiöses Bekenntnis von ihm einfordert (vgl. V. 3415), setzt Faust zunächst auf die Strategie des Ausweichens (vgl. V. 3418–3420, 3426–3429), um dann seine Gesprächspartnerin mit hochabstrakten Aussagen (vgl. V. 3431–3458) zu verwirren.

4. Zusammenfassende Bewertung

Faust ist ein ungewöhnlicher Charakter, weil er das Verlangen nach höchster Daseinserfüllung in einer außerordentlichen Dimension repräsentiert und zudem bereit ist, die ihn einengenden Beschränkungen radikal zu durchbrechen – und sei es um den Preis des eigenen Lebens. Er folgt unbeirrt seinem zentralen Antrieb, dem Streben und der Aktivität, und sogar wenn er dabei Schuld gegenüber anderen auf sich lädt, erfüllt er letztlich die Definition Gottes vom Menschen: „Es irrt der Mensch, solang er strebt." (V. 317) Vor allem aber steht Faust für den modernen Menschen: Er findet keine Orientierung in der überlieferten Religion und in den traditionellen Wissenschaften – die persönliche Sinnsuche ist seine große Aufgabe.

Mephisto

Schon in seiner ersten Begegnung mit Faust gibt sich Mephisto ohne Umschweife als „Teufel" (V. 1408) zu erkennen. Mit seinem äußeren Auftreten im Stück erfüllt er jedoch keineswegs die gängigen Teufelsvorstellungen. So will er nicht als „Satan" bezeichnet werden (vgl. V. 2504f.) und er verzichtet auf traditionelle Kennzeichen wie die „Hahnenfeder" (V. 2486) und die ihn begleitenden „Raben" (vgl. V. 2491). Stattdessen passt er sein Aussehen in jeder Situation seinen Zielen an. Er wandelt sich beispielsweise vom Pudel in einen fein gekleideten Studenten (vgl. Szene „Studierzimmer") und begibt sich dann als reisender Adliger (vgl. V. 1535–1539) auf die Weltfahrt mit Faust.

1. Personalien und sozialer Status

Mephisto sieht sich als Gegenspieler Gottes. So definiert er sich als „Geist, der stets verneint!" (V. 1338) und als Sachwalter des Bösen (vgl. V. 1336, 1343), der schlichtweg allem Werdenden die Existenzberechtigung abspricht (vgl. V. 1339f.). Trotzdem zeigt schon der „Prolog im Himmel", dass Mephisto nicht mit Gott auf einer Stufe steht. Dies wird zum einen deutlich, als Mephisto sich selbst in das göttliche „Gesinde" (V. 274) einreiht, zum anderen, als er Gott mit seiner Schöpfungskritik herausfordert: Er kritisiert

2. Wesentliche Charaktereigenschaften
2.1 Teil des göttlichen Schöpfungsplans

den Herrn heftig für die Erschaffung des Menschen, der aufgrund seiner niederen Natur nicht in der Lage sei, seiner Existenz einen höheren Sinn zu geben (vgl. V. 271–298). Diesen misslungenen Schöpfungsakt versucht er, am Beispiel des Menschen Faust zu demonstrieren, den er dazu bringen will, von seinem Drang nach höherer Sinnfindung abzulassen und sich mit seiner materiellen Existenz zu benügen (vgl. V. 312–314, 334f.). Doch damit arbeitet er im Grunde im Sinne Gottes. Dieser lässt Mephisto gewähren (vgl. V. 315f.), weil er weiß, dass das Treiben des Teufels nur eine zusätzliche Triebfeder für Fausts inneres Streben bedeutet (vgl. V. 340–343). Somit wird deutlich, dass Mephisto gerade in seiner Rolle als Widerpart am göttlichen Schöpfungsplan mitwirkt – was er offenbar auch ahnt, wenn er von sich sagt, er sei „[e]in Teil jener Kraft,/Die stets das Böse will und stets das Gute schafft" (V. 1335f.).

2.2 Zynischer Manipulator

Ganz im Sinne seiner Schöpfungskritik verachtet Mephisto die Menschen und ihre „kleine Narrenwelt" (V. 1347). Da Mephisto das Schicksal des im Kerker leidenden Gretchens kalt lässt, bringt Faust sein zynisches Menschenbild auf den Punkt: „[D]u grinsest gelassen über das Schicksal von Tausenden hin!" (S. 146) Tatsächlich sind die Menschen für den Teufel nur Spielbälle, die er mit „List" (V. 2658) für seine eigenen Interessen einsetzt. Dies zeigt sich besonders deutlich, als er mit allen Mitteln versucht, Faust und Gretchen zusammenzubringen. Marthe Schwerdtlein ist ihm eine willkommene Helferin für seine Kuppelei (vgl. V. 3029f.), die er dadurch ins Werk setzt, dass er Gretchens Interesse an Faust durch Schmuck weckt. Dabei manipuliert er Marthe ebenfalls durch psychologische Tricks. So nutzt er ihre Ungewissheit über das Schicksal ihres Mannes aus, um sie zusammen mit Gretchen zu einem Doppel-Rendezvous zu bewegen (vgl. Szene „Der Nachbarin Haus", v. a. V. 3008–3024). Daneben macht Mephisto sich seine magischen Fähigkeiten zunutze, beispielsweise im

Degenkampf mit Gretchens Bruder Valentin (vgl. V. 3710). Diese Beispiele machen deutlich, dass Mephisto keinerlei Skrupel hat, die Schwächen der anderen Figuren für seine Intrigen auszunutzen.

Die Figur Mephisto besitzt auch eine komische Dimension. So bezeichnet der Herr den Teufel als „Schalk" (V. 339), also als jemanden, der gern hintersinnige Späße macht – eine Charakterisierung, die Mephisto im Folgenden sogleich selbst bestätigt: Er deutet kurz die Möglichkeit an, mit Gott zu brechen (vgl. V. 351). Angesichts der bestehenden Machtverhältnisse kann der Zuschauer diese Anmaßung nur als absurden Narrenstreich verstehen. Im weiteren Verlauf der Handlung zeigt sich das schalkhafte Wesen Mephistos zunächst einmal darin, dass er derbe und entlarvende Späße mit politisierenden Trunkenbolden (vgl. Szene „Auerbachs Keller") treibt und sich selbst als Mitspieler in einem satirischen Spiel der Affen in der Hexenküche hergibt (vgl. V. 2402–2464). Besonders komisch wirkt Mephisto immer dann, wenn er unfreiwillig und ganz gegen seinen Anspruch als Gegenspieler Gottes seine Machtlosigkeit unter Beweis stellt. So kann der Herr der Unterwelt Fausts Studierzimmer wegen eines Pentagramms nicht verlassen (vgl. V. 1410) und der „Herr[...] und Meister" (V. 2482) der Hexen ist nicht in der Lage, deren Zaubertränke zu brauen (vgl. V. 2377). Vor allem aber hat Mephisto keine direkte Macht über das unschuldige Gretchen (vgl. V. 2626). Die in diesen Beispielen sichtbar werdende Ohnmacht des Teufels spielt im Grunde schon versteckt auf das Ende des zweiten Dramenteils an, in dem klar wird, dass Mephisto das Ringen um die Seele Fausts gegen Gott verloren hat.

2.3 Mephisto als komische Figur

Mephisto erprobt in seinen Auftritten im Stück verschiedenste Gestalten und Rollen. Diese enorme Wandelbarkeit spiegelt sich auch in seinem variablen und facettenreichen Sprachgebrauch wider. So reicht seine Bandbreite von ei-

3. Sprachgebrauch und Sprachverhalten

ner würdevollen, biblisch geprägten Sprache (vgl. V. 1346–1354) bis zu derben Gesten (vgl. Regieanweisung, S. 84) und von der gelehrten Höflichkeit des Weltmannes (vgl. V. 1325) bis hin zu beißendem satirischen Spott (vgl. Gespräch Mephisto – Schüler, V. 1868–2050). Wenn es die Situation erfordert, greift er sogar zu einem satirischen Lied, das er selbst auf der Zither begleitet (vgl. V. 3680f.). Alle seine sprachlichen Äußerungen haben eine große Gemeinsamkeit: Mephisto sieht die anderen nicht auf Augenhöhe mit sich, sondern er will die Menschen in seinem Sinne manipulieren. Dies erreicht er durch hinterlistige Gesprächsstrategien, mit denen er seine Gesprächspartner an ihren wunden Punkten trifft und damit geschickt in die von ihm gewünschte Richtung lenkt. Als Faust sich zum Nachdenken in die Einsamkeit zurückgezogen hat (vgl. Szene „Wald und Höhle"), macht ihm Mephisto ein schlechtes Gewissen, indem er ihm mit einer Kette eindrucksvoller Sprachbilder das Schicksal des einsamen und unglücklichen Gretchens vor Augen führt – um dann für sich triumphierend festzustellen: „Gelt, dass ich dich fange!" (V. 3325) Faust bündelt die Instrumentalisierung kommunikativer Situationen und den Missbrauch der Sprache durch Mephisto in dem treffenden Vorwurf: „Du bist und bleibst ein Lügner" (V. 3050).

4. Zusammenfassende Bewertung

Mephistos Denken und Handeln wird von einem grundsätzlichen Dilemma bestimmt: Er beansprucht Gott gegenüber mit großem Selbstbewusstsein die Rolle des Gegenspielers, aber im Laufe der Handlung wird immer klarer, dass er stets nur das destruktive Element innerhalb der von Gott geschaffenen Weltordnung bleibt. Die Konsequenz aus Mephistos Opposition gegen die göttliche Schöpfung ist seine Geringschätzung für die Menschen, die der Teufel ganz ohne Rücksicht auf ihr weiteres Schicksal zu manipulieren versucht. So nimmt Mephisto den Untergang Gretchens skrupellos in Kauf. Die gewissermaßen tragische Di-

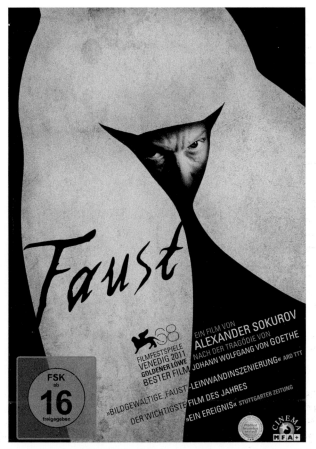

Der Teufel als Verführer: Filmplakat zur preisgekrönten Faust-Verfilmung von Alexander Sokurow (2011)

mension der Figur besteht darin, dass Mephisto durch sein Handeln das Gegenteil dessen erreicht, was er intendiert. Insgesamt hat Mephisto vor allem die Funktion, die Handlung weiterzutreiben; für die Zuschauer bieten sich keinerlei Identifikationsmöglichkeiten mit dem letztlich scheiternden Teufel.

Gretchen

1. Personalien und sozialer Status

Gretchens eigentlicher Name lautet Margarete. Sie ist jung (vgl. V. 2627, 2907) und beeindruckt Faust mit ihrer auffallenden Schönheit (vgl. V. 2609). Als ledige Frau wohnt sie noch in einer kleinen Kammer bei ihrer Mutter, während ihr Vater bereits tot ist (vgl. V. 3117, 3126). Ihr Bruder Valentin dient beim Militär (vgl. V. 3120), außerdem hat sie noch eine kleinere Schwester, um die sie sich wie eine Mutter gekümmert hat; allerdings ist auch sie schon verstorben (vgl. V. 3121–3144). Gretchens Alltag ist bestimmt durch die Verrichtung von Haushaltspflichten (vgl. V. 3111 f.).

2. Wesentliche Charaktereigenschaften
2.1 Zufriedenheit in der kleinen, geordneten Existenz

Gretchen lebt in beschränkten, wohlgeordneten Verhältnissen. Dies ist zunächst ganz wörtlich zu verstehen. Sie bewohnt ein kleines Zimmer (vgl. Regieanweisung, S. 89), das in seiner Ordnung und Reinheit (vgl. V. 2686) die innere Ruhe und Geordnetheit seiner Bewohnerin ausstrahlt (vgl. V. 2691–2694). Im übertragenen Sinn ist Gretchens Existenz geprägt von den moralischen Wertvorstellungen ihres kleinbürgerlich geprägten Umfelds: Sie befindet sich unter starker Kontrolle sowohl der Mutter (vgl. V. 2892, 2895) als auch ihrer sozialen Umgebung (vgl. V. 2883 f.). Aus dem Bewusstsein, ihre tägliche Pflicht zu tun und damit die Erwartungen ihrer Umgebung zu erfüllen, schöpft sie innere Ruhe (vgl. V. 3148). Außerdem trägt sie die herrschende Moral mit, wenn sie über die Verfehlungen anderer lästert (vgl. V. 3577–3580). Allerdings erfährt sie auch die Grenzen ihres Milieus, als sie gezwungen ist, den Schmuck mit unbekannter Herkunft nur heimlich zu tragen (vgl. V. 2797–2804). Trotz dieser Einschränkung findet Gretchen in ihrer Umwelt das ethische Raster, das ihr Orientierung und innere Stabilität gibt. Dazu gehört auch die Religion: Gretchen ist praktizierende Katholikin, die regelmäßig zur Beichte geht und die den Priester als Autorität anerkennt (vgl. V. 3460). Ihre Verwurzelung im Glauben ist so fest, dass sie in der Verzweiflung über ihre Lage als unehelich Schwangere vor allem Beistand in der Religion sucht (vgl. Szene „Zwinger"). Ganz im Sinne ihrer religiösen Überzeugungen entscheidet sie sich in der Schlussszene dagegen, ihr Leben zu retten und mit Faust aus der Kerkerhaft zu fliehen, und sucht büßend Gnade vor Gott zu finden, der sie ihr auch gewährt (vgl. V. 4604–4612).

Gretchen beschreibt sich selbstkritisch als „töricht furchtsam Weib" (V. 2758), das sich außerdem dem Gelehrten Faust intellektuell nicht gewachsen fühlt (vgl. V. 3077f.). Diese scheinbaren Schwächen sind jedoch in Wirklichkeit Gretchens große existenzielle Stärke: Anders als der verkopfte Faust lebt Gretchen ganz als Gefühlsmensch, der Personen und Zusammenhänge auf der Ebene der Empfindungen erlebt und instinktiv durchschaut. So ahnt sie, dass in ihrer Kammer der Teufel anwesend war (vgl. V. 2753). Gegen Mephisto verspürt sie generell eine innere Abneigung (vgl. V. 3477), ohne dessen wahre Identität überhaupt zu kennen. Dagegen empfindet sie die Nähe zu Faust als angenehm (vgl. V. 3491), doch bei ihrem letzten Wiedersehen im Kerker verrät ihr schon ein Kuss, dass Faust sich inzwischen innerlich weit von ihr entfernt hat (vgl. V. 4493–4496). Ebenso erlebt sie die ganze schwierige Beziehung mit Faust als Gefühlsbelastung, die ihr das „Herz" „schwer" (V. 3375) macht und ihr den „Sinn" „zerstückt" (V. 3384f.), also ihre emotionale Ausgeglichenheit geradezu auseinandernimmt.

2.2 Gretchen als Gefühlsmensch

Gretchens existenzielle Geborgenheit in ihrer kleinen Welt wird durch das Auftreten Fausts erheblich durcheinandergebracht: „Meine Ruh ist hin" (V. 3374). Aber, bei allem Respekt vor Faust und bei aller Unsicherheit gegenüber seinen wahren Motiven, sie wehrt sich nicht gegen den Lauf der Ereignisse, denn sie ist tatsächlich verliebt in Faust, wie ihr Lied am Spinnrad (vgl. V. 3374–3413) offenbart. Deshalb treibt sie ihrerseits die Beziehung zwischen sich und

2.3 Gretchen als Liebende

ihrem Liebhaber voran, zum Beispiel durch das durchaus kokette Blumenspiel (vgl. Regieanweisung, S. 105) und durch ihre Bereitschaft zum intimen Treffen im Gartenhaus (Szene „Ein Gartenhäuschen"). Sie ist sogar bereit, ihrer Mutter ein Schlafmittel zu verabreichen, um eine Liebesnacht zu ermöglichen (vgl. V. 3511–3515). Doch Gretchen wird keineswegs nur von der sinnlichen Leidenschaft gelenkt. Ohne Zweifel ist sie auf der Suche nach einer festen Bindung. Dies wird besonders deutlich, als sie mit der „Gretchenfrage" die religiöse Grundhaltung von Faust und damit das gemeinsame Fundament für eine Partnerschaft erforschen will (vgl. V. 3415). Mephisto bestätigt diese Einschätzung, wenn auch in einer sehr böswilligen Deutung: Ihm zufolge will Gretchen testen, inwieweit ihr Faust als künftiger Ehemann zu folgen bereit ist (vgl. V. 3527). Gretchen zahlt einen hohen Preis für ihre Liebe: Sie wird schuldig, weil sie, von Faust im Stich gelassen, wahnhaft ihr Neugeborenes tötet. Aber Gretchen nimmt am Ende diese Schuld an (vgl. V. 4580–4595). Damit wird in der Schlussszene des Dramas offensichtlich, dass die Liebesbeziehung zu Faust für Gretchen bei allen schrecklichen Folgen auch einen Prozess des Erwachsenswerdens anstößt: Anfangs naiv und unschuldig, wächst Gretchen durch die Entscheidung für Faust aus ihrem engen Milieu heraus. Am Schlusspunkt erscheint sie als selbstbestimmte Persönlichkeit, die auch von Faust unabhängig ist. Diesen lässt sie ziehen, statt ihm durch Flucht zu folgen.

3. Sprachgebrauch und Sprachverhalten

Die Charakterzüge Gretchens spiegeln sich auch in seiner Sprache und seinem Kommunikationsverhalten. Als Gefühlsmensch fühlt sie sich im rationalen Diskurs unterlegen (vgl. V. 3077f.). Ihre inneren Empfindungen artikuliert sie bevorzugt in der Bildersprache von Liedern und Gedichten (vgl. z. B. den Monolog am Spinnrad, Szene „Gretchens Stube"). Das von der einfachen Herkunft geprägte Wesen Gretchens drückt sich aus in einem bescheidenen (vgl.

V. 2607) und schüchternen (vgl. V. 2908) Auftreten gegenüber dem sozial höhergestellten Faust. Freilich agiert sie nicht etwa unterwürfig, sondern mit gesundem Selbstbewusstsein: Als Faust in ihrem Gespräch über die Religion (vgl. Szene „Marthens Garten") ausweichend agiert, fordert Gretchen mit Nachdruck klare Aussagen ihres Geliebten ein. In der Kerkerszene lässt sie sich nicht vom zur Flucht drängenden Faust beeindrucken, sondern bleibt standhaft bei ihrer Entscheidung, sich dem Gericht zu stellen. Auch ihre tiefe Verankerung im christlichen Glauben scheint immer wieder in ihren Aussagen auf: Der häufig zu beobachtende rhetorische Bezug auf Gott (vgl. z. B. V. 2790, 2870, 2908, 3732) ist mehr als eine unbedachte Floskel, er beweist den starken Einfluss des christlichen Weltbildes auf Gretchens Denken und Handeln.

Gretchen, die weibliche Hauptfigur des ersten Dramenteils, fungiert vor allem als Kontrastfigur zu Faust. Anders als der frustrierte Gelehrte, der verzweifelt auf der Suche nach der inneren Totalität ist, lebt Gretchen in einem Zustand gefühlsmäßiger Harmonie. Zwar schafft es vor allem Mephisto durch sein destruktives Wirken, dass sie ihren inneren Kompass zeitweilig verliert und schwere Schuld auf sich lädt, doch schließlich findet sie am Ende wieder zum Sinn ihrer Existenz. Dabei macht Gretchen einen inneren Reifeprozess durch. Im Ringen um die Liebe Fausts entwickelt sie sich sogar zum Gegenspieler Mephistos.

4. Zusammenfassende Bewertung

Marthe Schwerdtlein

Marthe Schwerdtlein wohnt in unmittelbarer Nachbarschaft zur Familie Gretchens (vgl. V. 2885). Zwar ist sie verheiratet und hat Kinder (vgl. V. 2985), doch sie wurde von ihrem Mann, dessen Schicksal unklar ist, alleingelassen (vgl. V. 2864–2867).

1. Personalien und sozialer Status

2. Wesentliche Charaktereigenschaften

2.1 Marthe als Kupplerin

Marthe ist eine Vertrauensperson für Gretchen, der sie auch Schlupflöcher bietet, sich der strengen Kontrolle durch die Mutter (vgl. V. 2879) zu entziehen. Auf der Basis dieses engen Verhältnisses wird Marthe als Kupplerin tätig – Mephisto spricht beinahe bewundernd von einem „Weib wie auserlesen/Zum Kuppler[...]wesen" (V. 3029f.). Sie unterstützt den Teufel tatkräftig in seinem Plan, Faust und Gretchen zusammenzubringen, und stellt ihren Garten für das erste Rendezvous zur Verfügung. Dabei bezeichnet sie die beiden gegenüber Mephisto komplizenhaft als „unser Pärchen" (V. 3202) und bringt dadurch zum Ausdruck, dass sie in der Vereinigung der beiden Liebenden ein gemeinsames Projekt von ihr und Mephisto sieht. Freilich bleibt ihr die Erkenntnis verschlossen, dass es Mephisto nicht um eine einfache Liebesgeschichte geht: Er will schließlich nicht weniger erreichen, als durch eine erfolgreiche Verführung Fausts zum sexuellen Genuss recht gegenüber Gott zu behalten.

2.2 Bedürfnis nach sozialer Absicherung

Marthe Schwerdtlein befindet sich nach dem Weggang ihres Mannes in einer problematischen sozialen Situation, da sie die ökonomische Absicherung durch einen Partner entbehrt. Dies zeigt sich deutlich, als ihr Mephisto die fingierte Nachricht vom Tod ihres Mannes überbringt (vgl. V. 2916). Als sie in ihrer Trauer auch noch erfährt, dass ihr Mann ihr nicht einmal ein Erbe hinterlassen haben soll (vgl. V. 2932), bedeutet das für sie nicht nur eine Beziehungsenttäuschung, sondern auch die Notwendigkeit, sich einen neuen Versorger suchen zu müssen. Deshalb greift sie nach jedem Strohhalm und geht, wenn auch notdürftig versteckt hinter züchtiger Schüchternheit, auf die – allerdings nur gespielten – Schmeicheleien Mephistos (vgl. V. 3001f.) ein. Diesem gegenüber zeigt sie sich sofort offen für eine neue Verbindung (vgl. V. 3005). In diesem Verhalten wird erkennbar, wie stark Marthes Verhalten von den Zwängen ihres kleinbürgerlichen Milieus bestimmt wird, innerhalb dessen sie als alleinstehende Frau immerfort um ihren Status kämpfen muss.

Marthes Sprachgebrauch lässt immer wieder ihren Wunsch durchscheinen, sich durch eine zweite Heirat materiell abzusichern und vielleicht sogar sozial aufzusteigen. So bezeichnet sie Mephisto durchgehend mit der respektvollen Anrede „Herr" (vgl. z. B. V. 2900, 2906) und zeigt damit, dass sie ein besonderes Augenmerk auf gesellschaftlich höhergestellte Personen hat, die geeignete Heiratskandidaten abgeben könnten. Dementsprechend spielt sie gern die Rolle der schutz- und rettungsbedürftigen Frau, wenn sie sich zu den „armen Weiber[n]" (V. 3149) zählt. Auch sonst gestaltet sie ihr Kommunikationsverhalten ganz im Sinne ihrer eigenen Interessen. So fällt es ihr nicht schwer, bei der Nachricht vom Tode ihres Mannes die trauernde und bewegte Witwe zu spielen (vgl. z. B. V. 2917f., 2959). Allerdings ist sie dabei der manipulativen Gesprächsstrategie Mephistos nicht gewachsen. Diesem gelingt es mehrfach mithilfe provozierender Informationen, dass sie aus ihrer selbstgewählten Rolle fällt und Wut und Empörung offenbart (vgl. z. B. V. 2933 f., 2961).

3. Sprachgebrauch und Sprachverhalten

Die Figur Marthe Schwerdtlein wird von Goethe vor allem dazu eingesetzt, um die Handlung in der Gretchentragödie voranzutreiben. Sie schafft mit der Kontaktmöglichkeit in ihrem Garten das entscheidende Hintertürchen, das die Annäherung zwischen Faust und Gretchen erst ermöglicht. Diese wäre ansonsten wohl an der engmaschigen Kontrolle Gretchens durch ihre Familie und ihre Umwelt gescheitert.

4. Zusammenfassende Bewertung

Gretchen und Faust werden verkuppelt – der Hintergrund der Aufführung in Weimar 2013 zeigt das Bild der Helena („Faust" am DNT Weimar, Regie: Hasko Weber, Bühne: Oliver Helf, Kostüme: Syzzy Syzzler, Schauspieler: Birgit Unterweger, Nora Quest, Lutz Salzmann, Sebastian Kowski, Foto: Matthias Horn)

Wagner

1. Personalien und sozialer Status

Wagner ist der wissenschaftliche Gehilfe Fausts, der mit ihm unter einem Dach wohnt und nachts im Schlafrock (vgl. Regieanweisung, S. 22) in dessen Studierstube erscheint. Über Alter, Herkunft und Familienstand Wagners erfahren die Zuschauer nichts.

2. Wesentliche Charaktereigenschaften
2.1 Lebensferner Buchgelehrter

Wagner hat sein gesamtes Leben dem Studium der Wissenschaften gewidmet. Als reiner Verstandesmensch sucht er, bei aller Beschwerlichkeit des Forschens (vgl. V. 652f.), vor allem die „Geistesfreuden" (V. 1104). Dabei ist er überzeugt, dass die Wissenschaft echten Fortschritt für die Menschen verspricht (vgl. V. 573). Doch in der von ihm gewählten Existenzform als Buchgelehrter – „Entrollst du gar ein würdig Pergamen,/So steigt der ganze Himmel zu dir nieder." (V. 1108f.) – klebt er letztlich an der Zweidimensionalität der Bücherwelt (vgl. V. 1104f.) und bezahlt diese einseitige Lebenshaltung mit Lebensfremdheit (vgl. V. 530f.). So bedeutet ihm die Erfahrung der lebendigen Natur nichts (vgl. V. 1101–1103). Faust, der einst vom gleichen Wissensdrang wie Wagner getrieben war, sich aber von der Wissenschaft keine Erkenntnis mehr verspricht, zeigt für seinen Gehilfen nur Verachtung, wenn er Wagner mit einem Schatzsucher vergleicht, der „froh ist, wenn er Regenwürmer findet" (V. 605).

Wagner ist bestimmt vom Ziel, sein Wissen fortwährend zu mehren und „alles" zu „wissen" (V. 601). Dabei treibt ihn nicht nur die Leidenschaft für die Wissenschaft, sondern auch der Wunsch nach sozialem Ansehen. Sein großes Vorbild ist Faust, den er für die ihm zuteilwerdende „Verehrung dieser Menge" (vgl. V. 1012) bewundert: „O glücklich, wer von seinen Gaben/Solch einen Vorteil ziehen kann!" (V. 1013f.) Aus diesem Grund möchte er von Faust gern in der Kunst der Rhetorik dazulernen, um seinerseits wirkungsvoll öffentlich auftreten zu können (vgl. V. 525). Die Kehrseite seines Strebens nach gesellschaftlichem Ansehen sind sein Standesdünkel als Gelehrter und seine Arroganz gegenüber ungebildeten Menschen: Als Wagner auf dem Osterspaziergang mit der Lebensfreude feiernder Menschen konfrontiert wird, zeigt er offen seine Geringschätzung gegenüber dem einfachen Volk (vgl. V. 943–948).

[2.2 Streben nach sozialem Ansehen]

Wagners Sprachverhalten unterstreicht zunächst einmal seine Charakterisierung als Buchgelehrten. So zitiert er beispielsweise die antike Weisheit „Die Kunst ist lang! Und kurz ist unser Leben!"[1] (V. 558f.), um seinen hohen Bildungsgrad zu demonstrieren. In der Kommunikation mit seinem Lehrmeister Faust verhält sich Wagner respektvoll

[3. Sprachgebrauch und Sprachverhalten]

---

[1] Dieser Aphorismus geht auf den Griechen Hippokrates (~ 460 – ~ 370 v. Chr.) zurück und wurde in einem Werk des römischen Philosophen Seneca (~ 1 – ~ 65 n. Chr.) überliefert.

und geradezu demütig. So nutzt er mehrfach die entschuldigende Floskel „Verzeiht" (V. 522, 570) und andere Formulierungen wie „Erlaubt mir" (V. 599), die seine Unterordnung ausdrücken. Gegenüber dem einfachen Volk jedoch findet er ungeschminkte Worte für seine Verachtung: „Sie toben wie vom bösen Geist getrieben" (V. 947).

4. Zusammenfassende Bewertung

Wagner, gekennzeichnet durch seine beflissene Engstirnigkeit und eine geradezu komisch wirkende Lebensfremdheit, ist als eine Spiegelfigur zu Faust zu verstehen: Seine Funktion im Drama besteht vor allem darin, zu zeigen, welche Entwicklung Faust genommen hätte, wenn er sich mit der Existenz eines Buchgelehrten zufriedengegeben hätte, der seine Motivation als Wissenschaftler aus seinem Erfolg und dem sozialen Prestige ziehen kann. Allerdings ist Faust von tiefer Lebenssehnsucht und von einem über die Anhäufung von Wissen weit hinausgehenden Ganzheitsanspruch erfüllt, während Wagner keinerlei Antrieb verspürt, über die Möglichkeiten und Grenzen seiner Existenz hinauszugehen.

Der Blick auf den Text: Die Szenenanalyse

Eine Szene analysieren – Tipps und Techniken

Für die Analyse von Textauszügen des Dramas stehen grundsätzlich zwei verschiedene Methoden zur Auswahl: die Linearanalyse und die aspektgeleitete Analyse.

In der **Linearanalyse** werden die einzelnen Abschnitte des Aufgabentextes systematisch analysiert, das heißt ihrer Reihenfolge nach. Dies führt in der Regel zu genauen und detaillierten Ergebnissen. Allerdings besteht dabei die Gefahr, dass zu kleinschrittig gearbeitet wird und die übergeordneten Deutungsaspekte aus dem Blick geraten.

In der **aspektgeleiteten Analyse** werden diese Deutungsschwerpunkte von vornherein festgelegt. Daraus ergibt sich in der Regel eine sehr problemorientierte und zielgerichtete Vorgehensweise. Dabei werden jedoch die Deutungsaspekte, die nicht im Fokus des Interesses stehen, vernachlässigt.

Aufbauschema:

1. Einleitung:
- Basissatz: Autor; Titel; Textsorte; Erscheinungsjahr des Werks, aus dem der Text stammt
- Ort, Zeit und Figuren des Textauszugs
- kurze Inhaltsangabe

2. Einordnung des Textauszugs in das Drama:
Was geschieht vorher, was nachher?

Linearanalyse *aspektgeleitete Analyse*

3. Aufbau des Textauszugs:
- Auflistung der Textabschnitte/ Textgliederung

3. Untersuchungsschwerpunkte:
- Auflistung der ausgewählten Untersuchungsaspekte

4. Beschreibung und Deutung der unter 3. angegebenen Textabschnitte:
- Aussagen zum Inhalt des Abschnitts
- Aussagen zur Deutung, Einbetten in den Zusammenhang des Dramas
- Einbezug der sprachlichen Gestaltung
- Überleitung zum nächsten Textabschnitt

4. Beschreibung und Deutung der unter 3. angegebenen Aspekte:
- Benennen des jeweiligen Aspekts
- Aussagen zur Deutung, Einbetten in den Zusammenhang des Dramas
- Einbezug der sprachlichen Gestaltung

5. Schluss:
- Zusammenfassung der Ergebnisse
- Einordnung in einen größeren Deutungszusammenhang
- Bewertung

Zu beiden Analysemethoden wird im Folgenden je eine Bearbeitungsmöglichkeit präsentiert.

Übungsvorschlag:
Erstellen Sie zuerst jeweils eine eigene Lösung und vergleichen Sie sie dann mit den unten angeführten Vorschlägen. Überprüfen Sie: An welchen Stellen erscheint Ihnen Ihre eigene Fassung schlüssiger? Welche zusätzlichen Anregungen und Einsichten können Sie den Beispieltexten entnehmen?

Beispielanalyse (linear)

Aufgabe: Analysieren Sie den Dialog zwischen Faust und Mephisto in der Szene „Trüber Tag" (S. 145–147) unter inhaltlichen und sprachlichen Gesichtspunkten. Da die Szene keine Versangaben aufweist, benötigen Sie für die Belegstellen keine Versangaben.

Die Tragödie „Faust" von Johann Wolfgang von Goethe, deren erster Teil vor rund zweihundert Jahren erschienen ist, gilt als eines der wichtigsten Theaterstücke in der deutschen und europäischen Literaturgeschichte. „Faust I" zeigt Faust als Prüfstein, an dem Gott und der Teufel entscheiden wollen, ob die göttliche Schöpfung gut oder schlecht geraten ist. Faust ist ein Gelehrter, der in seiner Studierstube weder Antworten auf die großen Sinnfragen noch Zugang zur Fülle des Lebens findet. In seiner Verzweiflung lässt er sich mit dem Teufel ein, der ihn von seinem Streben nach höherer Erkenntnis abbringen und ihn stattdessen dazu verleiten will, sich ganz seinen niederen Trieben hinzugeben.

Der Textauszug zeigt Faust und Mephisto im offenen Konflikt. Faust wirft dem Teufel vor, ihn über das Schicksal Gretchens – seiner Geliebten, die wegen Kindsmordes ihre

Einleitung mit knapper Inhaltsangabe des Textauszugs

Hinrichtung erwartet – im Unklaren gelassen zu haben und ihren Untergang skrupellos in Kauf zu nehmen. Als Antwort weist dieser Faust zurecht: Schließlich habe er selbst den Pakt mit dem Teufel gesucht. Faust wiederum bringt den widerstrebenden Mephisto dazu, sich an der Rettungsaktion für Gretchen zu beteiligen.

Einordnung des Textauszugs in das Drama

Die zu analysierende Szene leitet die Endphase der sogenannten „Gretchentragödie" und damit zugleich des ersten Dramenteils ein. Zuvor hat Faust mit Unterstützung Mephistos eine Affäre mit Gretchen begonnen und sich in sie verliebt. Doch die Beziehung nimmt einen tragischen Verlauf: Nachdem Gretchen das uneheliche Kind zur Welt gebracht hat, hält sie der öffentlichen Schande nicht stand und tötet in ihrer Verzweiflung das Kind. Faust aber bekommt davon zunächst nichts mit, da Mephisto alles dafür tut, ihn von seiner Geliebten abzulenken und ihn stattdessen in der Walpurgisnacht zu sexuellen Abenteuern zu verführen.

Nachdem Faust Mephisto in der Szene „Trüber Tag" erfolgreich dazu gedrängt hat, Gretchen aus dem Kerker und damit vor der Hinrichtung zu retten, folgt das tragische Finale: Gretchen geht nicht auf den Befreiungsversuch Fausts ein, sondern stellt sich dem göttlichen Gericht, das sie in Gnaden in den Himmel aufnimmt. Faust setzt seine Weltfahrt an der Seite Mephistos fort.

Aufbau des Textauszugs

Der Textauszug lässt sich anhand des Gesprächsverlaufs in drei Abschnitte einteilen. Zunächst stehen Fausts Klage über das Schicksal Gretchens und seine heftigen Vorwürfe gegen Mephisto, er habe ihn von Gretchen abgelenkt, im Vordergrund. Im zweiten Abschnitt weitet Faust seine Anklage gegen Mephisto aus auf dessen generelle Verachtung gegenüber dem Leid der Menschen, worauf ihn dieser jedoch nur kalt auflaufen lässt: Faust habe aus eigenem Antrieb die Nähe zu Mephisto gesucht. Im dritten Abschnitt nötigt Faust den Teufel, ihm bei der Rettung Gretchens aus dem Kerker behilflich zu sein.

Faust eröffnet den ersten Handlungsschritt mit einer heftigen Klage, in der er seinen Schmerz hinsichtlich der Kerkerhaft Gretchens ausdrückt. Den Eindruck seiner Worte unterstreicht er durch den Kunstgriff der steigernden Anordnung: Die Wortkette „[i]m Elend" – „[v]erzweifelnd" – „[e]rbärmlich" – „verirrt" – „gefangen" veranschaulicht dem Publikum den stufenweisen Niedergang Gretchens von der öffentlichen Schande bis in den Kerker. Auch der extreme Gegensatz zwischen Gretchen als „holde[m] [...] Geschöpf" und ihrem Schicksal als „Missetäterin [...] zu entsetzlichen Qualen eingesperrt" macht ihren Abstieg plastisch fassbar. Seinen Leidensdruck entlädt Faust durch eine hasserfüllte Reaktion gegen Mephisto, dem er vorwirft, er habe das Schicksal seiner Geliebten vor ihm aus böser Absicht verborgen gehalten und ihn mit „abgeschmackten Zerstreuungen" – Faust bezieht sich auf die Ereignisse der Walpurgisnacht – davon abgelenkt, Gretchen zu helfen. Damit trage Mephisto Schuld an ihrem Untergang. Doch Mephisto zeigt sich von diesen Angriffen Fausts völlig unbeeindruckt. Dies zeigt zum einen seine provokante Körpersprache – er bleibt ungerührt stehen –, zum anderen reagiert er verbal eiskalt: Mit wenigen Worten – „Sie ist die Erste nicht." – lässt er Faust regelrecht auflaufen. Die Wirkung seiner abgebrühten Entgegnung liegt gerade in ihrer Nüchternheit – ein besonders eindrückliches Beispiel dafür, warum Goethe in dieser Szene nicht, wie sonst im Drama, Verse und Reime einsetzt: Er vertraut auf den unmittelbaren Effekt der Prosa-Sprache.

1. Abschnitt

Die zynische Reaktion Mephistos provoziert eine weitere Attacke Fausts, beginnend mit der Beschimpfung des Teufels als „[a]bscheuliches Untier". Mit leidenschaftlicher Geste fleht Faust den Erdgeist an, er solle Mephisto in den Hund zurückverwandeln, in dessen Gestalt er ihm erstmals begegnet ist. Anders gesprochen: Faust wünscht sich, dass das Bündnis mit dem Teufel niemals zustande gekommen

2. Abschnitt

wäre. Danach wiederholt er, rhetorisch äußerst wirkungsvoll, die Worte Mephistos – „die Erste nicht!" – und baut darauf seinen Abscheu vor der menschenverachtenden Haltung des Teufels auf, effektvoll eingeleitet mit dem doppelten Ausruf „Jammer! Jammer!". Bei Faust „wühlt" das Leiden Gretchens „Mark und Leben" durch – während der Teufel „gelassen über das Schicksal von Tausenden hin" grinst. Doch ein weiteres Mal kontert Mephisto kalt: „Warum machst du Gemeinschaft mit uns, wenn du sie nicht durchführen kannst?" Damit legt er den Finger in die Wunde: Tatsächlich war es Faust, der den Pakt mit den dunklen Mächten wollte. Gleichzeitig provoziert ihn Mephisto mit der Behauptung, Faust sei dem Bündnis nicht gewachsen und habe wohl seine Kräfte überschätzt. Mit seiner Gesprächstaktik, verbunden mit der Geste des einschüchternden Zähnefletschens, drängt er Faust in die Defensive: Dieser kann nur noch ohnmächtig seinen Ekel vor dem Teufel erklären und ein weiteres Mal den Erdgeist anflehen, ihn von seinem „Schandgesellen" zu befreien.

3. Abschnitt

Wie schon in den vorhergehenden Abschnitten ergreift Faust wiederum die Gesprächsinitiative, indem er in scharfem Ton – „Rette sie! Oder weh dir!" – von Mephisto verlangt, Gretchen zu retten. Dieser jedoch hat schon in der Walpurgisnacht versucht, die Beziehung zwischen den beiden zu torpedieren, und auch jetzt hat er keinen Grund, eine solche Rettungsaktion zu fördern. Deshalb versucht er, den Ball zurückzuspielen, indem er betont, es sei ja Faust selbst, der Schuld an ihrem Ende trage, er müsse auch die Rettung verantworten. Doch Faust lässt mit seinem wilden Gesichtsausdruck keinen Zweifel an seiner Entschlossenheit. Das erste Mal in dieser Begegnung erlebt man Mephisto in der Defensive: Er versucht, Faust davon zu überzeugen, dass für ihn als gesuchten Mörder eine Rückkehr in die Stadt erhebliche Gefahren berge. Faust aber bleibt hartnäckig und besteht auf seinem Rettungsplan. Dermaßen unter Druck gesetzt, lenkt Mephisto ein und sichert widerwillig seine Unterstützung für die Befreiungsaktion Gretchens zu.

In dieser Szene gehen beide Protagonisten mit offenem Visier aufeinander los und lassen mit ihren Worten und ihrer Körpersprache tiefe Einblicke in ihr jeweiliges Innerstes zu. Mephisto agiert ohne jede Rücksicht und ohne jede Empathie für die Opfer seines Handelns. Faust wiederum fehlt es an Mut, zu seiner eigenen Schuld gegenüber Gretchen zu stehen. Mephisto mit seiner Skrupellosigkeit ist für ihn ein willkommener Sündenbock, auf den er seine persönliche Verantwortung abzuwälzen versucht. Letztlich kann sich keiner der beiden den Folgen seines Handelns entziehen: Faust nötigt Mephisto zur Mithilfe bei seinem Rettungsplan. Ihm gehören auch die letzten Worte – „Auf und davon!" –, mit denen er entschieden die folgende Handlung vorantreibt.

Schluss

Beispielanalyse (aspektgeleitet)

Aufgabe: Erarbeiten Sie aus dem Expositionsmonolog Fausts (V. 354–418) zentrale Motive und Themen des Dramas „Faust I" und stellen Sie in knapper Form Bezüge zum weiteren Handlungsgang her.

Der erste Teil von Johann Wolfgang von Goethes Drama „Faust" erschien 1808 – seine Faszination für Publikum und Theaterschaffende ist seither ungebrochen. Es ist wohl gerade das kompromisslose Streben der Hauptfigur nach existenzieller Erfüllung, das die Menschen unserer Zeit zur intensiven Auseinandersetzung mit dem Stück reizt. Der Gelehrte Faust, getrieben von Unzufriedenheit, Unrast und Lebenshunger, geht in seiner Verzweiflung ein folgenschweres Bündnis mit dem Teufel ein. Mephisto ermöglicht ihm zwar neue Daseinserfahrungen, allerdings wird Faust auch in seiner Liebesbeziehung zu Gretchen schuldig.

Einleitung mit knapper Inhaltsangabe des Textauszugs

Der Textauszug bildet den ersten Auftritt Fausts. In der nächtlichen Einsamkeit seiner Studierstube zieht er eine ernüchternde Bilanz seines bisherigen Lebens. Als Gelehrter hat er bis jetzt sein Leben der Wissenschaft gewidmet und in allen Fachgebieten nach bleibenden Wahrheiten gesucht. Er muss jedoch feststellen, dass seine Suche letztlich erfolglos geblieben ist. Deshalb fasst er den Entschluss, die Enge seines mit Büchern und Instrumenten gefüllten Studierzimmers zu überwinden und einen neuen Zugang zum echten Leben und zu den Kräften der Natur zu finden.

Einordnung des Textauszugs in das Drama

Die vorangehenden drei Szenen bilden zusammen den Rahmen der dramatischen Handlung. Goethe stellt zunächst sein persönliches Verhältnis zum Stück („Zueignung") und zum zeitgenössischen Theaterbetrieb dar („Vorspiel auf dem Theater") und entfaltet dann den Streit zwischen Gott und Teufel über die Gutheit der Schöpfung, als deren Prüfstein Faust dienen soll („Prolog im Himmel"), bevor dieser in der Szene „Nacht" erstmals selbst zu Wort kommt. Nach dem zu untersuchenden Textauszug schreitet Faust zur Tat und wendet sich mit den Hilfsmitteln der Magie in mehreren Beschwörungsversuchen den Vertretern der Geisterwelt zu, um dadurch existenzielle Erfüllung zu erlangen.

Untersuchungsaspekte

In dem zu analysierenden Textauszug wird die Figur Faust in die dramatische Handlung eingeführt und in Form eines Selbstgesprächs vorgestellt. Die im Monolog zum Ausdruck kommenden Aspekte der Persönlichkeit sowie der inneren Motivation Fausts lassen bereits wesentliche Motive und bestimmende Themen des Gesamtdramas aufscheinen. Im Folgenden werden zunächst die Erkenntnisverzweiflung Fausts sowie das von ihm beklagte Eingesperrtsein untersucht. Anschließend wird auf die Konsequenz eingegangen, die Faust aus seiner Lage zieht: sein Drängen nach neuen Wegen.

Der erste Eindruck, den Faust auf der Bühne hinterlässt, ist der eines frustrierten Menschen. Seine einleitenden Worte stellen nichts anderes als eine umfassende Lebensklage dar. Eigentlich müsste er als Gelehrter ein erfülltes Leben führen. Er hat alle Universitätsfächer seiner Zeit – Philosophie, Recht, Medizin und Theologie (vgl. V. 354–356) – mit großem Wissensdurst (vgl. V. 357) studiert, er hat sich die höchsten akademischen Grade erworben (vgl. V. 360) und er ist seinen Mitmenschen weit an Wissen überlegen (vgl. V. 366f.). Aber aus seinem Erreichten schöpft er keine Freude (vgl. V. 370). Er muss feststellen, dass er keine Antworten auf die Fragen des Lebens gefunden hat (vgl. V. 371–373). In seiner Verzweiflung will er sich der Mittel der Magie bedienen, um endlich zu erkennen, „was die Welt/Im Innersten zusammenhält" (V. 382f.). Dieser aus Frust geborene Entschluss ist ein wichtiger Ausgangspunkt für die weitere Handlung des Dramas. Faust unternimmt in der Folge zum einen vergebliche Beschwörungsversuche magischer Geister – des Makrokosmos und des Erdgeists –, zum anderen wird Faust innerlich bereit zu seinem Bündnis mit dem Herrn der Unterwelt, Mephisto.

I. Erkenntnisverzweifelung

In Fausts Bilanz seines bisherigen Lebens wird auch deutlich, dass er sich als Eingesperrter fühlt. Dies ist zunächst ganz konkret zu verstehen, wenn er seine Studierstube metaphorisch als „Kerker" (V. 398) und als „dumpfes Mauerloch" (V. 399) verflucht, in dem das Licht von draußen nur schwach durch die trüben Fensterscheiben dringt (vgl. V. 400f.). In diesem Bild wird auch die übertragene Bedeutung der Kerker-Symbolik für Fausts Existenz erkennbar: Ihm bleibt die Teilnahme am echten Leben außerhalb seiner Zelle verwehrt. In seinem Kerker wiederum regiert nur das tote Wissen – lange nicht mehr genutzte Bücher, die sich bis unter die Decke stapeln und nicht als geistige Nahrung dienen, sondern von Würmern zerfressen werden (vgl. V. 402–405), sowie ein Wust an längst nicht mehr zu

II. Beschränktes Dasein

Forschungszwecken gebrauchten wissenschaftlichen Untersuchungsgeräten, die teils noch aus den Generationen vor Faust stammen (vgl. V. 406–408). Im weiteren Handlungsverlauf setzt Faust alles daran, um die Beschränktheiten seines Daseins hinter sich zu lassen und nach neuen Dimensionen der Erkenntnis jenseits der rationalen Wissenschaft und der Buchgelehrtheit zu suchen. Er begeht deshalb sogar einen Selbstmordversuch. Aber erst die Begegnung mit Mephisto verschafft ihm die Möglichkeit, die Welt jenseits der Studierstube zu erleben. Gemeinsam begeben sie sich auf eine Weltfahrt, auf der Faust seine Grenzen auslotet. Aufgrund tragischer Verwicklungen spielt die letzte Szene von „Faust I" wiederum in einem Kerker, doch diesmal ist nicht Faust der Eingesperrte. Gretchen, die Geliebte Fausts, erwartet ihre Hinrichtung, nachdem Faust sie in eine Situation hineingetrieben hat, in der sie ihr gemeinsames Kind ertränkt hat und mitschuldig am Tod ihrer Mutter geworden ist.

III. Lebenssehnsucht

Bislang war Faust ein Buchgelehrter, ein Wortkrämer (vgl. V. 385), für dessen Lebenswelt die Einsamkeit der „Mitternacht" (V. 388) steht. Jetzt sucht er einen Neuanfang, für den er als rhetorischen Schlüsselbegriff das „Lichte" (V. 393), das Teilnahme am Leben symbolisiert, setzt. Er sehnt sich danach, vom „Wissensqualm" (V. 396) entlastet auf Berge zu steigen (vgl. V. 392) – ein Sinnbild für neue Lebensperspektiven – und die Natur in schwebender Leichtigkeit zu erfahren (vgl. V. 394). Davon verspricht er sich Gesundung für seine ganze Existenz (vgl. V. 397). Sein innerster Wunsch, die bislang gehemmten Lebenskräfte in Austausch mit der „lebendigen Natur" (V. 414) zu bringen, versetzt Faust in eine ungeheure Aufbruchsstimmung und er appelliert in elliptischen Ausrufen an sich selbst: „Flieh! Auf! Hinaus ins weite Land!" (V. 418) Diesen Impuls, die Enge seiner Studierstube zu verlassen, setzt Faust im Weiteren tatsächlich um. Zunächst verlässt er seinen Kerker ganz konkret beim Osterspaziergang, um seinen Mitmenschen zu begegnen. Später jedoch lässt er sein bisheriges Dasein in einem umfassenderen Sinne hinter sich, wenn er mit Mephisto auf Weltfahrt geht.

Dem Textauszug kommt eine expositorische Funktion für das Drama zu. Die Zuschauer erleben Faust als eine mit sich selbst und mit dem bisher im Leben Erreichten völlig unzufriedene Figur, die einen kaum erfüllbaren Anspruch an das Leben stellt: Faust strebt nach höchster Erkenntnis und nach erfüllender Lebenserfahrung. Diese innere Disposition seiner Persönlichkeit ist der motivierende Ausgangspunkt der gesamten dramatischen Handlung. Faust sucht nach der existenziellen Grenzüberschreitung und geht zu diesem Zweck sogar ein Bündnis mit dem Teufel ein.
Schluss

Der Blick auf die Prüfung: Themenfelder

Dieses Kapitel dient zur unmittelbaren Vorbereitung auf die Prüfung: Schulaufgabe bzw. Klausur oder schriftliche bzw. mündliche Abiturprüfung. Die wichtigsten Themenfelder werden in einer übersichtlichen grafischen Form dargeboten. Außerdem verweist eine kommentierte Liste mit Internetadressen (S. 148) auf mögliche Quellen für Zusatzinformationen im Netz.

Die schematischen Übersichten können dazu genutzt werden,
- die wesentlichen Deutungsaspekte des Dramas kurz vor der Prüfungssituation im Überblick zu wiederholen,
- die Kerngedanken des Dramas nochmals selbstständig zu durchdenken und
- mögliche Verständnislücken nachzuarbeiten.

Zum Verständnis der Schemata ist die Kenntnis der vorangegangenen Kapitel unerlässlich. Die folgende Schwerpunktsetzung beruht auf Erfahrungen aus jahrelanger Prüfungspraxis. Die Übersicht V (Vergleichsmöglichkeiten mit anderen literarischen Werken, S. 147) soll als Anregung dienen, um den eigenen Lektürekanon auf möglicherweise interessante Vergleichspunkte hin abzuklopfen.

Der Blick auf die Prüfung: Themenfelder 143

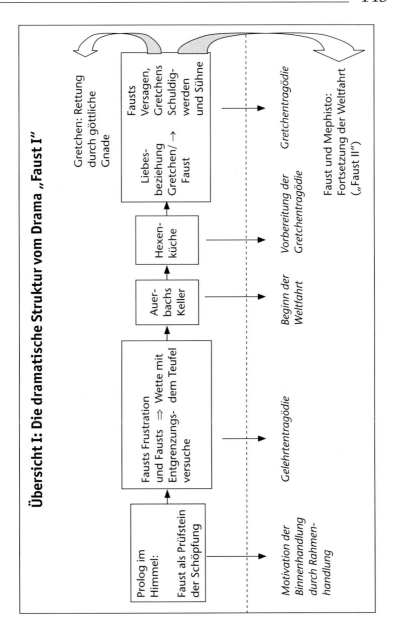

Übersicht II: Szenischer Aufbau der Gretchentragödie

„Wald und Höhle" ⇒ Fausts Entschluss, für ein Wiedersehen mit Gretchen ihr Unglück in Kauf zu nehmen

„Gretchens Stube" ⇒ Spiegelung des verhängnisvollen Entschlusses Fausts in Form von Gretchens Unruhe

Schuldhafte Verstrickungen:
„Marthes Garten" ⇒ religiöse Differenzen zwischen Faust und Gretchen
„Am Brunnen" ⇒ Vorausdeutung von Gretchens sozialer Ächtung
„Zwinger" ⇒ Gretchens Verzweiflung
„Nacht" ⇒ Ermordung Valentins, des Bruders von Gretchen, durch Faust und Mephisto
„Dom" ⇒ Totenmesse für die Mutter, durch den Schlaftrunk ums Leben gekommen
„Kerker" ⇒ Hinrichtung als Strafe für Gretchens Kindsmord

„Kerker", Schlussteil ⇒ himmlische Gnade für Gretchen

Entstehen der Liebesbeziehung:
„Ein Gartenhäuschen" ⇒ intime Begegnung zwischen Faust und Gretchen
„Garten" ⇒ Annäherung zwischen Faust und Gretchen
„Straße" ⇒ Fausts Einverständnis mit Mephistos Plan, um Gretchen wiederzusehen
„Der Nachbarin Haus" ⇒ Mephistos Einfädeln des Rendezvous zwischen Faust und Gretchen
„Spaziergang" ⇒ drängendes Interesse Fausts an Gretchen
„Abend" ⇒ wachsendes Interesse Gretchens an Faust, verstärkt durch den Schmuckfund

Ausgangspunkt:
„Straße" ⇒ erste Begegnung zwischen Faust und Gretchen, Verlangen Fausts nach Gretchen

Übersicht III: Die Epochenkennzeichen im Drama „Faust I"

Weimarer Klassik
- klassisches Menschenbild: Faust bleibt seinem inneren Wesen treu, Gretchen verkörpert den ganzheitlichen Gefühlsmenschen
- Konzeption des Stücks als Tragödie
- Sprache: Gebrauch des Blankverses und antiker Formen

Sturm und Drang
- Faust als Grenzen überschreitender „Kraftkerl"
- hoher Stellenwert starker Gefühle und leidenschaftlicher Sprache
- offene Dramenform: keine Aufteilung in Akte; Ignorieren der „drei Einheiten" des Aristoteles
- Mischung tragischer und komischer Elemente

Drama „Faust I"

Romantik
- „Spiel im Spiel": Reflexion über das Theater
- Verwendung christlicher bzw. magischer Motive
- symbolische Bezüge und Verweise

Übersicht IV: Häufige Versformen im Drama „Faust I"

Bezeich-nung	Form	Beispiel	Funktion
Madrigal-vers	jambischer Vers, gereimt, freie Hebungszahl, in der Regel zwei bis sechs Hebungen	„Der Pudel merkte nichts, als er hereingesprungen, / Die Sache sieht jetzt anders aus: / Der Teufel kann nicht aus dem Haus." (V. 1406–1408)	„Umgangssprache" im Drama „Faust", sehr flexible Form
Knittelvers	Vierheber mit beliebiger Füllung der Senkungen, überwiegend Paarreim	„Habe nun, ach! Philosophie, / Juristerei und Medizin, / Und leider auch Theologie / Durchaus studiert, mit heißem Bemühn." (V. 354–357)	wirkt in der Regel bieder, oft eingesetzt als Rhythmus für Fausts Gelehrtenwelt
Blankvers	fünfhebiger Jambus, ungereimt	„Du führst die Reihe der Lebendigen / Vor mir vorbei und lehrst mich meine Brüder / Im stillen Busch, in Luft und Wasser kennen." (V. 3225–3227)	Standardvers im klassischen deutschen Drama, Ausdruck von Feierlichkeit
freie Verse	ohne Metrum und Reim, aber rhythmisiert	„Wer hat dir, Henker, diese Macht / Über mich gegeben! / Du holst mich schon um Mitternacht. / Erbarme dich und lass mich leben!" (V. 4427–4430)	Ausdruck starker innerer Bewegung, Gefühlsüber-schwang
Volkslied-strophe	Strophe zu vier oder mehr Zeilen, oft mit jambischen Drei- oder Vierhebern mit beliebiger Füllung der Senkungen	„Es war ein König in Thule / Gar treu bis an das Grab, / Dem sterbend seine Buhle / Einen goldnen Becher gab." (2759–2762)	Liedform, wirkt volkstümlich und bodenständig
Stanze	Strophe zu acht Zeilen mit fünfhebigen Jamben	„Ach! Was in tiefer Brust uns da entsprungen, / Was sich die Lippe schüchtern vorgelallt, / Missraten jetzt und jetzt vielleicht gelungen, / Verschlingt des wilden Augenblicks Gewalt. / Oft, wenn es erst durch Jahre durchgedrungen, / Erscheint es in vollendeter Gestalt. / Was glänzt, ist für den Augenblick geboren, / Das Echte bleibt der Nachwelt unverloren." (V. 67–74)	Ausdruck ernster Feierlichkeit und Würde

Der Blick auf die Prüfung: Themenfelder 147

Übersicht V: Vergleichsmöglichkeiten mit anderen literarischen Werken

Personenvergleiche

Faust *mit*
- Adrian Leverkühn aus Thomas Manns „Dr. Faustus"
- Walter Faber aus Frischs „Homo Faber"
- Galilei aus Brechts „Leben des Galilei"
- Möbius aus Dürrenmatts „Die Physiker"
- Hendrik Höfgen aus Klaus Manns „Mephisto"

Gretchen *mit*
- Marie aus Büchners „Woyzeck"
- Luise aus Schillers „Kabale und Liebe"
- Maria Magdalena aus Hebbels „Maria Magdalena"
- Emilia Galotti aus Lessings „Emilia Galotti"

Goethes Drama „Faust I"

Vergleich der Themen und Motive

Teufelspakt
- in Thomas Manns „Dr. Faustus"
- in Hauffs „Das kalte Herz"
- in Klaus Manns „Mephisto"
- in Hoffmanns „Die Elixiere des Teufels"

Wette
- in Dürrenmatts „Der Richter und sein Henker"

Wahrheit und Erkenntnisstreben
- Lessings „Nathan der Weise"

Wissenschaft
- in Brechts „Leben des Galilei"
- in Dürrenmatts „Die Physiker"

Internetadressen

Unter diesen Internetadressen kann man sich zusätzlich informieren:

www.goethezeitportal.de/
(umfassendes und sehr informatives Portal zu Goethe und seiner Zeit)

www.klassik-stiftung.de/
(Homepage der Klassik-Stiftung Weimar, eine Kulturstiftung, die zahlreiche Forschungseinrichtungen und Erinnerungsorte zur Weimarer Klassik betreut)

www.goethehaus-frankfurt.de/
(Homepage des Frankfurter Goethe-Hauses)

http://goethe2day.de/
(privat betriebenes Portal zu Goethe, seiner Zeit und seinen Werken)

www2.genealogy.net/privat/goethe/start.html
(Stammbaum Goethes)

www.casadigoethe.it/
(Homepage des Goethe-Museums „Casa di Goethe" in Rom)

www.goethefaust.com/
(umfangreiches Materialangebot, vor allem für Schülerinnen und Schüler)

www.goethesfaust.com/
(beinhaltet eine Linksammlung zu aktuellen Inszenierungen)

www.faust-international.org/
(Homepage der internationalen Faust-Gesellschaft, die sich mit der historischen Faust-Persönlichkeit auseinandersetzt)

[Stand: 03.02.2014]

Literatur

Textausgabe

Johann Wolfgang von Goethe: Faust. Der Tragödie erster Teil, hrsg. von Johannes Diekhans, erarbeitet und mit Anmerkungen versehen von Franz Waldherr, Schöningh, Paderborn ^{1}2013

Werkausgabe

Goethe, Faust, hrsg. u. komm. von Erich Trunz, Hamburg ^{16}1996 („Hamburger Ausgabe")

Johann Wolfgang Goethe: Sämtliche Werke nach Epochen seines Schaffens, hrsg. von Karl Richter, Bd. I–XXXIII; München 1985–1998 („Münchner Ausgabe")

Borchmeyer, Dieter: Faust – Goethes verkappte Komödie, in: Goethezeitportal; www.goethezeitportal.de/db/wiss/goethe/faust_borchmeyer.pdf (03.02.2014)

Borchmeyer, Dieter: Goethe. Der Zeitbürger, München/Wien 1999

Boyle, Nicholas: Goethe. Der Dichter in seiner Zeit, Bd. I: 1749–1790, Bd. II: 1790–1803, München 1995–1999

Dieck, Alfred (Hrsg.): Goethe über seinen Faust, Göttingen ^{2}1963

Eibl, Karl: Das monumentale Ich – Wege zu Goethes „Faust", Frankfurt a. Main/Leipzig 2000

Eibl, Karl: Zur Wette im Faust, in: Goethezeitportal; www.goethezeitportal.de/db/wiss/goethe/faust_eibl.pdf (03.02.2014)

Fischer-Dieskau, Dietrich: Goethe als Intendant. Theaterleidenschaften im klassischen Weimar, München 2006

Gaier, Ulrich: Fausts Modernität. Essays, Stuttgart 2000

Gaier, Ulrich: Johann Wolfgang Goethe, Faust. Der Tragödie Erster Teil. Erläuterungen und Dokumente, Stuttgart 2001

Hermes, Eberhard: Johann Wolfgang von Goethe, Faust. Erster und Zweiter Teil, Stuttgart ⁶2010

Hohoff, Curt: Goethe. Dichtung und Leben, München 2006

Jaeger, Michael: Global Player Faust oder Das Verschwinden der Gegenwart. Zur Aktualität Goethes, Berlin ²2008

Kobligk, Helmut: Johann Wolfgang Goethe, Faust I. Grundlagen und Gedanken zum Verständnis des Dramas, Frankfurt a. Main ¹⁷1991

Krätz, Otto: Goethe und die Naturwissenschaften, München 1992

Michelsen, Peter: Im Banne Fausts. Zwölf Faust-Studien, Würzburg 2000

Negt, Oskar: Die Faust-Karriere. Vom verzweifelten Intellektuellen zum verzweifelten Unternehmer, Göttingen 2006

Nutz, Maximilian: Das Beispiel Goethe. Zur Konstituierung eines nationalen Klassikers, in: Goethezeitportal; www.goethezeitportal.de/fileadmin/PDF/db/wiss/goethe/nutz_goethe_klassiker.pdf (03.02.2014)

Safranski, Rüdiger: Goethe. Kunstwerk des Lebens, München 2013

Safranski, Rüdiger: Goethe und Schiller. Geschichte einer Freundschaft, Frankfurt a. Main 2011

Schmidt, Jochen: Goethes Faust. Erster und Zweiter Teil. Grundlagen – Werk – Wirkung, München ²2001

Sudau, Ralf: Johann Wolfgang Goethe, Faust I und Faust II, München ²1998

Wegner, Wolfgang: Die Faustdarstellung vom 16. Jahrhundert bis zur Gegenwart, Amsterdam 1962